BKC 강해 주석 8
에스라·느헤미야·에스더

The Bible Knowledge Commentary

BKC 강해 주석 8

에스라·느헤미야·에스더

지은이 | 존 마틴·진 게츠   옮긴이 | 이종록
개정2판 1쇄 발행 | 2017. 7. 10
　　　2쇄 발행 | 2022. 1. 25

등록번호 | 제1988-000080호
등록된 곳 | 서울특별시 용산구 서빙고로 65길 38
발행처 | 사단법인 두란노서원
영업부 | 2078-3352 FAX 080-749-3705
출판부 | 2078-3332

▌책값은 뒤표지에 있습니다.
ISBN 978-89-531-2927-6 04230
(set) 978-89-531-2540-7 04230

▌독자의 의견을 기다립니다.
tpress@duranno.com http://www.Duranno.com

▌이 책의 성경 본문은 개역개정판을 사용했습니다.

두란노서원은 바울 사도가 3차 전도여행 때 에베소에서 성령 받은 제자들을 따로
세워 하나님의 말씀으로 양육하던 장소입니다. 사도행전 19장 8~20절의 정신에
따라 첫째 사역자를 돕는 사역과 평신도를 훈련시키는 사역, 둘째 세계선교(TIM)와
문서선교(단행본·잡지) 사역, 셋째 예수문화 및 경배와 찬양 사역, 그리고 가정·상담
사역 등을 감당하고 있습니다. 1980년 12월 22일에 창립된 두란노서원은 주님 오실
때까지 이 사역들을 계속할 것입니다.

BKC 강해 주석 8

에스라·느헤미야·에스더

존 마틴·진 게츠 지음 | 이종록 옮김

두란노

CONTENTS

에스라

서론 ……………………………………………… 12

개요 ……………………………………………… 18

주해 ……………………………………………… 22

I. 첫 번째 귀환과 스룹바벨의 지도로 이루어진 재건(1~6장) ····· 22

A. 고레스 칙령 선포(1:1~4) ……………………………… 22

B. 이스라엘 백성들의 반응(1:5~11) …………………………… 28

C. 귀환한 백성들의 명단(2장) ……………………………… 30

D. 성전의 재건(3:1~6:15) ……………………………… 35

E. 성전 봉헌과 유월절의 예식(6:16~22) ……………………… 53

II. 두 번째 귀환과 에스라에 의한 개혁(7~10장) ……………… 56

A. 예루살렘으로 귀환하다(7~8장) ………………………… 56

B. 예루살렘에서의 종교개혁(9~10장) ……………………… 66

느헤미야

서론 ·· 82

개요 ·· 86

주해 ·· 92

Ⅰ. 성벽의 재건(1~6장) ·································· 92

A. 느헤미야가 소리 내어 기도하다(1장) ···················· 92

B. 느헤미야의 기도가 응답되다(2:1~8) ···················· 97

C. 느헤미야가 공사할 준비를 갖추다(2:9~20) ·············· 100

D. 느헤미야가 사역을 시작하다(3장) ························ 105

E. 느헤미야가 반대자들에게 반응을 보이다(4장) ············ 110

F. 느헤미야가 내적인 문제들을 다루다(5:1~13) ············ 117

G. 느헤미야가 총독으로 다스리다(5:14~19) ················ 121

H. 자신을 반대하는 사람들에 대한 느헤미야의 반응 (6:1~14) ···· 124

I. 느헤미야가 성벽 재건 작업을 완수하다(6:15~19) ·········· 129

Ⅱ. 백성들의 회복(7~13장) ·· 130

    A. 예루살렘의 안전(7:1~3) ··· 130

    B. 귀환자들에 대한 인구조사(7:4~73상) ······················ 130

    C. 에스라의 사역(7:73하~10:39) ······························· 135

    D. 유대 거주자들의 명단(11:1~12:26) ························ 144

    E. 성벽의 봉헌(12:27~47) ··· 149

    F. 느헤미야에 의한 개혁(13장) ································· 152

에스더

서론 ·· 164

개요 ·· 172

주해 ·· 176

Ⅰ. 높은 자리에 오르게 된 에스더(1:1~2:20) ················· 176

    A. 아하수에로에 의한 와스디의 폐위(1장) ···························· 177

    B. 에스더가 왕비의 자리에 오름(2:1~20) ·························· 182

Ⅱ. 멸절 위기에 처한 유대인들(2:21~4:3) ····················· 186

    A. 유대인과 원수 관계에 있는 하만이 유대인을 미워함(2:21~3:6) 186

    B. 하만이 유대인들을 멸절시키도록 왕을 설득함(3:7~15)········ 189

    C. 모르드개의 통곡(4:1~3) ··· 191

Ⅲ. 에스더에 의해서 바뀐 운명(4:4~9:19) ···················· 193

    A. 에스더와 모르드개 사이의 소통(4:4~17) ···················· 193

    B. 에스더에 의해서 드러난 계획(5~7장) ···················· 196

    C. 구원받은 유대인들이 원수를 갚음(8:1~9:19) ···················· 207

Ⅳ. 부림절의 제정(9:20~32) ···························· 211

Ⅴ. 모르드개의 위대함(10장) ···························· 212

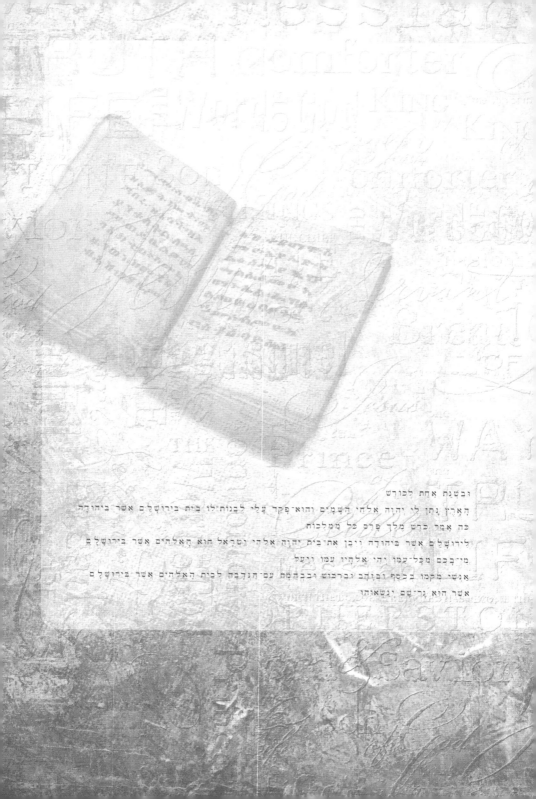

וּבִשְׁנַת אַחַת לְכוֹרֶשׁ
הָאָרֶץ נָתַן לִי יְהוָה אֱלֹהֵי הַשָּׁמַיִם וְהוּא־פָקַד עָלַי לִבְנוֹת־לוֹ בַיִת בִּירוּשָׁלִַם אֲשֶׁר בִּיהוּדָה
כֹּה אָמַר כֹּרֶשׁ מֶלֶךְ פָּרַס כֹּל מַמְלְכוֹת
לִירוּשָׁלִַם אֲשֶׁר בִּיהוּדָה וְיִבֶן אֶת־בֵּית יְהוָה אֱלֹהֵי יִשְׂרָאֵל הוּא הָאֱלֹהִים אֲשֶׁר בִּירוּשָׁלִָם
מִי־בָכֶם מִכָּל־עַמּוֹ יְהִי אֱלֹהָיו עִמּוֹ וְיַעַל
אַנְשֵׁי מְקֹמוֹ בְּכֶסֶף וּבְזָהָב וּבִרְכוּשׁ וּבִבְהֵמָה עִם־הַנְּדָבָה לְבֵית הָאֱלֹהִים אֲשֶׁר בִּירוּשָׁלִָם
אֲשֶׁר הוּא גָר־שָׁם יְנַשְּׂאוּהוּ

The Bible Knowledge
Commentary 8

Ezra

서론

The Bible Knowledge
Commentary

서론

이름

요세푸스(아피온을 반박하며[*Against Apion* 1. 8]), 제롬(갈라디아 서 주석 서문[*Preface to the Commentary on Galatians*]) 그리고 탈무드(바바 바트라[*Baba Bathra* 15a])는 에스라서와 느헤미야서를 한 권으로 간주하고 있다. 그리고 히브리 성경 역시 에스라서와 느헤미야서를 하나의 작품으로 보고 한 권으로 묶어 놓았다. 하지만 이 두 책이 원래부터 별개의 책이었다는 명확한 증거가 있다. 에스라 2장과 느헤미야 7장의 명단은 기본적으로 같다. 이것은 에스라서와 느헤미야서가 원래 독립적으로 기록되었다는 것을 알려주는데, 그 이유는 동일한 명단을 한 권에서 두 번 반복해서 기록하지는 않을 것이기 때문이다. 그리고 첫 번째 책의 제목으로 사용된 '에스라'라는 이름은 에스라서의 후반부에서 등장하는 주인공의 이름이며, 이 이름은 느헤미야서의 8장과 12장에 나타나고 있다.

에스라서의 이름은 칠십인역에서 복잡하게 나타난다. 칠십인역에서는 '에스드라'라는 이름이 몇 권의 책 이름으로 사용되고 있다. 에스드라 1서('에스드라 A'라고도 부른다)는 외경이고, 에스드라 2서

('에스드라 B'라고도 부른다)는 에스라서와 느헤미야서인데, 이 둘은 정경에 포함된다. 하지만 간혹 느헤미야서는 '에스드라 C'(혹은 G라고 불리는데, 이것은 히브리어의 알파벳에서 세 번째가 김멜[gimel]이기 때문)로도 불린다. 외경에는 '제1에스드라서' 또는 '제4에스드라서'로 불리는 책이 한 권 더 들어있다.

정경성

에스라서는 칠십인역(BC 200년경)이 만들어지기 이전부터 정경으로 인정되었으며 칠십인역보다 250여 년 전에 기록됐다. 현대 학자들 가운데 에스라서의 정경성을 문제 삼는 사람은 거의 없다.

저자

에스라서에는 에스라가 저자라는 사실이 언급되어 있지 않지만 오랫동안 저자를 에스라로 생각해 왔다. 본문 내에서도 우리는 그러한 증거를 찾아볼 수 있는데, 7장 27절~9장 15절에서는 에스라가 자신을 1인칭으로 부르고 있다. 히브리 전승에서도 에스라를 이 책의 저자로 보았다. 그는 제사장이며 율법학자다(7:21). 틀림없이 에스라는 에스라서 1~6장의 역사적인 사건들에 대한 기록을 갖고 있었을 것이다. 많은 성서 연구자는 에스라서와 역대상·하의 문학적 양식 사이에 유사성이 있다는 점을 밝혀 왔다. 그래서 어떤 사람들은 에스라가 에스라서와 역대상·하를 기록했을 것이라고 주장한다(참조, 역대상 '서론').

연대

에스라서에는 명백히 구분되는 두 시대가 언급된다. 1~6장은 고레스 칙령이 발표된 이후부터 예루살렘에 성전이 재건될 때까지 23년 기간(BC 538~515)을 다루고 있다. 7~10장은 에스라가 바벨론에서 귀환(BC 458)한 이후의 사건들을 다루고 있다. 두 가지의 예외가 있는데, 아하수에로 시대(BC 485~465)의 사건을 언급하는 4장 6절과, 아닥사스다 시대(BC 464~424) 후대에 기록된 편지를 포함하고 있는 4장 7~23절이다. 에스라서는 약 BC 450년 이전에는 결코 완성되지 못했다(BC 450년에 일어난 사건이 10장 17~44절에 기록되어 있다). 에스라는 느헤미야와 동시대인이다(느 8:1~9; 12:36).

역사적인 배경

에스라서의 역사적인 배경은 신실한 이스라엘 백성들이 바벨론에서 유다로 돌아와서 성전 예배를 다시 드리려고 하던 포로기 이후의 시대이다. 에스라서는 성전과 성전 예배가 긴박한 문제로 제기되었던 포로 후기에 기록되었다(에스더서를 제외하고, 역대상·하, 에스라, 느헤미야, 학개, 스가랴, 말라기 등이 이 시대에 기록되었다). 에스더서는 이사야와 예레미야를 통해서 말씀하신 하나님의 명령을 따르지 않고 포로 상태에서 벗어났음에도 불구하고 조국으로 귀환하지 않은 사람들에 대한 이야기를 하고 있다). 약속의 땅으로 돌아온 사람들은 하나님께서 국가를 다시 세우시고 다윗 왕가에 하셨던 축복을 반드시 이루어 주시리라는 분명한 확신을 갖고 있었다.

이스라엘 백성들의 귀환은 모두 세 차례에 걸쳐서 이루어졌다(BC 538년, 458년, 444년). 이것은 이스라엘 백성들이 세 번 바벨론에 포로로 끌려간 것과 일치한다(BC 605년, 597년, 586년). 첫 번째 귀환한 사람들은 스룹바벨의 인도로 BC 538년 고국으로 돌아왔다(에스라 1~6장; 학개; 스가랴). 이들은 성전 재건에 온 힘을 기울였다. 두 번째 그룹은 BC 458년에 에스라의 인도에 따라서 고국에 귀환했다(스 7~10장). 이들은 먼저 스스로 개혁할 필요가 있었다. 그들은 자신들에게 주어진 계약의 의무를 다시 한 번 확인해야 했다. 그리고 세 번째 그룹은 BC 444년에 느헤미야의 인도로 귀환했다. 느헤미야는 예루살렘의 성벽을 재건하는 데 관심을 기울였으며, 에스라가 그랬던 것처럼 백성들에게 하나님께 복종하도록 권고했다. 말라기서는 느헤미야 시대에 기록된 것으로 보인다. 에스더서에 기록되 사건들은 에스라 6장과 7장의 사건 사이에 일어났다(참조, '포로들의 세 번의 귀환' 도표. 스 1:1, '포로 후기의 연대기' 도표).

본문

에스라서의 약 4분의 1은 아람어로 기록되어 있다. 그리고 나머지는 모두 히브리어로 기록되어 있다. 아람어로 기록된 부분(전체 280절 가운데 67절)은 4장 8절~6장 18절, 그리고 7장 12~26절이다. 이 구절에서 언급된 것들은 주로 공식 문서들에서 필사한 것으로, 아람

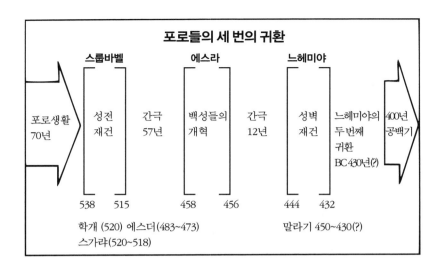

어로 쓰인 이유는 당시 공통어(*lingua franca*)가 아람어였기 때문이다.

목적

에스라서는 유대인들이 고국에 귀환하는 동안에 일어났던 잡다한 역사적인 사건들을 기록하는 데 목적을 두고 있지 않다. 에스라서는 성경의 다른 책들과 마찬가지로 신학적인 목적이 있다. 에스라서가 기록된 목적은 수신인들의 모습을 살펴봄으로써 알 수 있다. 앞에서 말한 것처럼 에스라서는 BC 450년경에 쓰였다. 그래서 이 책의 원래 수신자는 에스라의 인도하에 고국에 귀환한 사람들과 스룹바벨이다. 그런데 귀환자들은 하나님과의 관계에 있어서 확고한 신앙을 갖지 못하고 방황했다. 에스라서의 기록 목적은 남은 자들을 참된 성전 예배에 참석하도록 권유하고, 하나님께서는 자비하시다는 사실을 일깨워 줌으로써 그들에게 부여된 계약 의무를 이행하도록 촉구하는 것이다. 에스라서의 가장 중심이 되는 부분은 9~10장이다. 여기서는 백성들의 범죄 사실이 밝혀지고 난 후 그들이 보인 올바른 반응을 언급하고 있다. 에스라는 이 책을 읽는 독자들이 하나님을 믿는 자라면 시대를 막론하고 갖추어야 하는 하나님을 신뢰하는 마음을 갖기를 원했다.

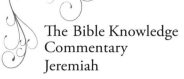

The Bible Knowledge
Commentary
Jeremiah

개요

I. 첫 번째 귀환과 스룹바벨의 지도로 이루어진 재건(1~6장)

A. 고레스 칙령 선포(1:1~4)

B. 이스라엘 백성들의 반응(1:5~11)

C. 귀환한 백성들의 명단(2장)

    1. 명단(2:1~63)

    2. 기록된 총 인원수(2:64~67)

    3. 복구 작업이 시작되다(2:68~70)

D. 성전의 재건(3:1~6:15)

    1. 제단과 성전 기초를 세우다(3장)

    2. 재건 작업이 반대에 부딪히다(4:1~6:12)

    3. 성전이 재건되다(6:13~15)

E. 성전 봉헌과 유월절의 예식(6:16~22)

    1. 성전을 봉헌하다(6:16~18)

    2. 유월절 예식을 거행하다(6:19~22)

II. 두 번째 귀환과 에스라에 의한 개혁(7~10장)

    A. 예루살렘으로 귀환하다(7~8장)

        1. 에스라의 등장(7:1~10)

        2. 에스라의 귀환을 재촉한 당시의 상황(7:11~28)

        3. 귀환자들의 명단(8:1~14)

        4. 여행의 상세한 설명과 도착(8:15~36)

    B. 예루살렘에서의 종교개혁(9~10장)

        1. 백성들이 통혼을 한 죄가 알려지다(9:1~4)

        2. 에스라가 하나님께 기도하다(9:5~15)

        3. 백성들이 자신의 죄를 고백하다(10장)

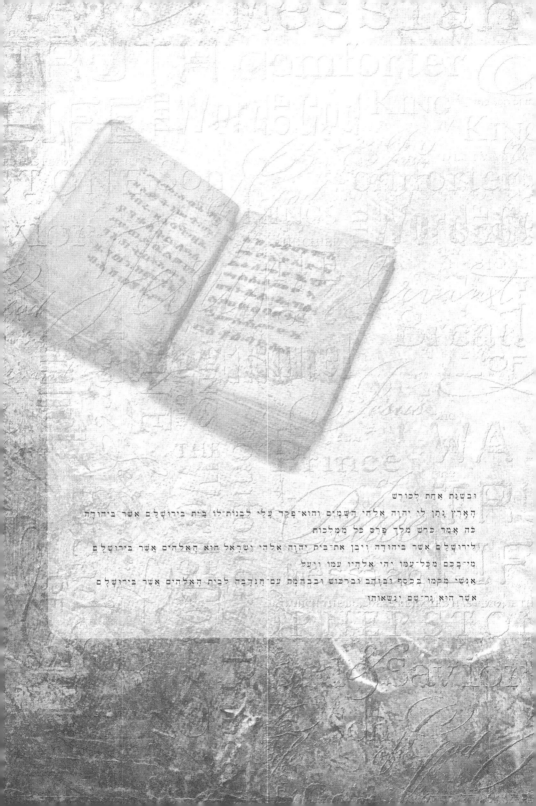

וּבִשְׁנַת אַחַת לְכוֹרֶשׁ

הָאָרֶץ נָתַן לִי יְהוָה אֱלֹהֵי הַשָּׁמַיִם וְהוּא־פָקַד עָלַי לִבְנוֹת־לוֹ בַיִת בִּירוּשָׁלַ͏ִם אֲשֶׁר בִּיהוּדָה

כֹּה אָמַר כֹּרֶשׁ מֶלֶךְ פָּרַס כֹּל מַמְלְכוֹת

לִירוּשָׁלַ͏ִם אֲשֶׁר בִּיהוּדָה וְיִבֶן אֶת־בֵּית יְהוָה אֱלֹהֵי יִשְׂרָאֵל הוּא הָאֱלֹהִים אֲשֶׁר בִּירוּשָׁלָ͏ִם

מִי־בָכֶם מִכָּל־עַמּוֹ יְהִי אֱלֹהָיו עִמּוֹ וְיַעַל

אַנְשֵׁי מְקֹמוֹ בְּכֶסֶף וּבְזָהָב וּבִרְכוּשׁ וּבִבְהֵמָה עִם־הַנְּדָבָה לְבֵית הָאֱלֹהִים אֲשֶׁר בִּירוּשָׁלָ͏ִם

אֲשֶׁר הוּא גָר־שָׁם יְנַשְּׂאוּהוּ

The Bible Knowledge
Commentary   8

Ezra

주해

The Bible Knowledge
Commentary

주해

Ⅰ. 첫 번째 귀환과 스룹바벨의 지도로 이루어진 재건(1~6장)

1~6장에는 당시의 상황 외에도, 에스라서가 기록되던 당시의 독자들에게 성전 예배에 참석하도록 격려하는 내용이 담겨 있다. 에스라서의 독자들은 예루살렘의 재건 작업에 관한 이야기를 읽으면서, 성전을 재건했던 유대인들이 얼마나 개인적인 희생을 했는지 알게 되었을 것이다. 독자들은 성전 재건에 바친 유대인들의 희생에 감동해서 성전 활동에 온전히 참여할 뿐 아니라, 그들의 선조들처럼 하나님과 깊은 관계를 맺으려는 마음이 들었을 것이다.

A. 고레스 칙령 선포(1:1~4)

1:1 광대한 페르시아 제국(참조, '페르시아 제국' 지도)의 왕이었던 고레스는 이스라엘 백성들이 그들의 땅에 돌아가서 성전을 재건해도 좋다는

내용의 칙령을 선포했다. 고레스는 이 칙령을 그가 즉위하던 해(BC 538년)에 공포했다. 이 해에 고레스는 바벨론을 정복했고 이전 20여 년 동안에도 왕으로서 다른 지역을 다스렸다. 고레스는 안샨의 왕이 된 BC 559년 이래로 권좌에 앉게 되었다. 후에 그는 BC 550년에 메데-바사(메도-페르시아)의 왕이 되었다. 고레스는 BC 539년 10월에 바벨론을 정복하고 당시의 문명세계에서 최고의 지위에 올랐다는 명예로운 칭호를 얻게 되었다(참조, '포로 후기의 연대기' 도표).

고레스는 이스라엘의 하나님에 대한 태도에서 명확히 나타나는 것처럼, 여호와를 진정으로 섬기는 사람은 아니었다. 그는 자기가 통치하는 제국에 복속된 국가들이 그에게 충성을 다하도록 만드는 것에만 관심을 기울였다. 고레스는 각국의 백성들을 각기 그들의 조국에 재정착하도록 함으로써, 제국 전역에 많은 신들을 두고 백성들이 자기를 위하여 벨 신과 느보 신에게 기도해 주기를 원했다. 유명한 고레스 실린더(BC 538년. 역자주 : 고대에서 쓰던 원통 모양의 돌 도장)에는 바벨론 포로들과 종된 백성들을 다시 그들의 땅으로 돌려보내는 모습이 기록되어 있는데, 여기에 이런 말이 적혀 있다. '내가 성스러운 도성으로 다시 돌려보낸 그들의

모든 신들아, 내가 장수 할 수 있도록 벨 신과 느보 신에게 빌어라.'

고레스에 의한 이스라엘의 귀환은 예레미야의 예언(렘 29:10. 참조, 렘 25:11~12)이 이루어진 것으로, 이는 온전히 하나님의 섭리에 기인한다. 당시 유대인들의 바벨론 유배생활은 70년이 거의 되어 가고 있었다. 유대인들이 바벨론에 포로로 끌려 온 것이 BC 605년이었다. 고레스의 칙령이 BC 538년에 공포되었고, 유대인들이 돌아와서 제단을 세운 것이 536년이다.

고레스가 칙령을 공포하게 된 것은 바로 하나님께서 고레스의 마음을 감동시키셨기 때문이다. '마음을 감동시키셨다'고 번역된('마음을 움직이셨다'고 번역할 수 있다) 히브리어 단어들은 포로 후기의 성경 기록자들이 즐겨 사용하던 표현이다(1:5; 대상 5:26; 대하 21:16, '마음을 격동시키다'; 36:22; 렘 51:11; 학 1:14). 이것은 역사의 사건들 뒤에 숨겨져 있는 하나님의 주권적인 손길을 보여 준다.

1:2~3 고레스는 하늘의 하나님이신 여호와께서 자신에게 예루살렘에 성전을 건축하도록 명하셨다고 말했다. 이 칙령의 일부가 역대하 36장 23절에 기록되어 있다. 그리고 이 칙령이 다리오 1세가 BC 520~518년경에 세운 엑바타나에 보관되었다(6:1~5). 하나님께서는 고레스를 하나님의 종으로 삼아 하나님의 백성들의 운명을 회복시키시겠다고 유대인들 가운데 남은 자들에게 약속하셨다(사 44:28; 45:1, 13). 성령의 인도하심에 따라서 선지자 이사야는 고레스가 이러한 조서를 공포하기 150년 전에 벌써 이 왕의 이름을 알았다. 요세프스는 고레스가 이사야 44장 28절에서 예언되었음을 기록하고 예언이 이루어지기를 원했다(유대인의 고대사[*The Antiquities of the Jews* 11. 1. 1]).

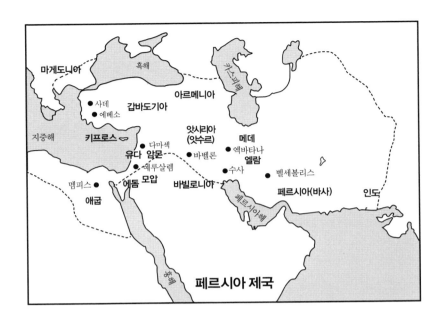

마게도니아 / 흑해 / 카스피해 / 아르메니아 / 사데 / 갑바도기아 / 에베소 / 지중해 / 앗시리아(앗수르) / 메데 / 키프로스 / 다마섹 / 엑바타나 / 유다 암몬 / 바벨론 / 엘람 / 예루살렘 / 수사 / 벨세볼리스 / 멤피스 / 에돔 모압 / 바빌로니아 / 페르시아(바사) / 인도 / 애굽 / 나일강 / 페르시아해

페르시아 제국

'하늘의 하나님'(The God of heaven)이라는 칭호는 에스라서에서 아홉 번 사용되었다(2절; 5:11~12; 6:9~10; 7:12, 21, 23[2회]). 이 칭호는 다른 곳보다 에스라서에서 유독 많이 사용되었다. 에스라서를 제외한 포로기와 포로 후기의 책들에서는 모두 10회 나타난다(대하 36:23; 느 1:4~5; 2:4, 20; 단 2:18~19, 28, 37, 44). 그리고 구약성경의 다른 부분에서는 4번밖에 나타나지 않는다(창 24:3, 7; 시 136:26; 욘 1:9). 이 칭호는 하나님의 주권을 가리킨다. 하나님께서는 하늘을 만드신 유일한 분이시고(창 14:19, 22; 대하 2:12; 시 115:15) 하늘에 계신 분이시며(신 4:39; 왕상 8:30, 39, 43, 49; 전 5:2) 하늘의 보좌에서 우주를 통치하는 분이시다(사 66:1). 비록 고레스가 광대한 제국을 통치하는 군주이긴 하지만, 여호와께서는 하늘에서 통치하는 분이시기에 고레스와는 비교도 되지 않을 만큼 위대하시다.

포로 후기의 연대기				
페르시아의 왕들	왕들의 통치기간	성경의 사건들	관련 성구	시기
고레스	BC 594~530년	고레스가 귀환을 위한 칙령을 발표하다.	에스라 1:1~4	BC 538년
		스룹바벨의 인도로 첫 귀환자 49,897명이(성전을 세우기 위해)귀환하다.	에스라 2장	BC 538년
		제단과 성전 기초를 세우다.	에스라 3:1~4:5	BC 536년
캄비세스	BC 530~522년			
스메르디스	BC 522년			
다리오 1세	BC 521~486년	학개가 예언을 하다.	학개서	BC 520년
		스가랴가 예언을 하다.	스가랴서	BC 520~518년
		성전이 완공되다.	에스라 5~6장	BC 515년
아하수에로	BC 485~465년	유다를 고소하다.	에스라 4:6	BC 486년
		에스더가 왕비가 되다.	에스더 2:17	BC 479년
아닥사스다	BC 464~424년	아닥사스다가 예루살렘 재건을 중지시키다.	에스라 4:7~23	BC 464~458년경
		두 번째 귀환: 4,000~5,000여 명이 에스라의 인도하에 돌아오다. (성전을 아름답게 하고 백성들을 개혁하기 위해 에스라가 귀환)	에스라 7~10장	BC 458년
		세 번째 귀환 : 느헤미야의 인도하에 돌아오다. (예루살렘 성벽을 재건하기 위해 느헤미야가 귀환)	느헤미야서	BC 444년
		느헤미야의 두 번째 귀환 : 말라기가 예언하다.	느헤미야 13:6 말라기서	BC 430년경 BC 450~430년(?)

이 구절에서는 성전을 강조한다. 이는 에스라서를 비롯해서 포로 후기의 책들도 역시 모두 그렇다. 당시 성전은 이스라엘 백성들의 삶에 있어서 가장 중요한 의미를 지닌다. 성전이 없었다면 희생제사 제도도 없었을 것이다. 희생제사는 하나님과의 관계에 있어서 생명선과 같은 것이다. 고레스가 말한 '하늘의 하나님'(2절)은 예루살렘에 계셨던 이스라엘의 하나님이다.

1:4 고레스는 자신의 조서에서 페르시아에서 귀환자들과 접하여 사는 자들에게 상당한 돈(은과 금), 물건, 가축, 예물을 이스라엘에 귀환한 자들에게 주도록 지시했다(6절). 이 예물들은 성전 건축과 이스라엘 백성들을 위한 것이다. 이것은 출애굽의 과정에서 일어난 상황과 유사하다. 하나님께서 이스라엘을 애굽의 압제에서 이끌어 내시고 출애굽을 시키실 때 애굽 사람들은 이스라엘 백성들에게 은과 금 그리고 의복을 주어서 떠나는 자들을 도왔다(출 3:22; 11:2; 12:35). 이제 하나님께서는 새로운 '출애굽'을 일으키신다. 모세와 아론을 통해서 이스라엘 백성들을 출애굽시키고 가나안을 정복하셨던 하나님께서는, 그때와 마찬가지로 압제 가운데 있던 당신의 백성을 약속의 땅으로 귀환시키셨다. 이스라엘 백성들이 바벨론의 압제를 받게 된 원인은 출애굽 당시에 하나님께서 모세를 통해서 이스라엘에 주신 계약의 명령들을 이스라엘 백성들이 준행하지 않았기 때문이다. 하나님께서는 다시 한 번 이스라엘의 삶 속에서 기적적으로 역사하셨다.

B. 이스라엘 백성들의 반응(1:5~11)

1:5~11 바벨론 인들에 의해서 포로로 끌려온 종교 지도자들(대제사장과 레위인들)과 두 지파의 족장들이 성전, 즉 하나님의 전을 재건하기 위해서 예루살렘으로 귀환하는 무리의 앞장을 섰다. 이렇게 돌아온 유대인들이 모두 49,897명이다(2:64~65). 귀환자들의 주변에 사는 사람들은 고레스의 명령에 따라서 여러 가지로 이스라엘 백성들을 도왔다. 심지어 고레스는 원래 하나님의 성전에 속해 있던 기물들을 돌려줌으로써 귀환을 도왔다. 고레스가 돌려준 성전 기물은 금, 은, 칼, 대접 등이었다(9~10절). 이 물건들은 느부갓네살이 BC 605년(단 1:2), 597년(왕하 24:13), 586년(왕하 25:14~15; 렘 27:16; 52:18~19. 참조, 5:14; 6:5; 단 5:2~3)에 예루살렘에서 가져와, 바벨론의 마르둑 신을 위해서 세운 에사길라 신전에 두었다.

9~10절에는 성전 기물이 모두 2,499개로 기록되어 있으나, 11절에는 금·은 기물이 모두 5,400개라고 되어 있다. 왜 이러한 차이가 나는 것일까? 에스라가 어리석게 실수를 했을리는 없다. 그는 분명히 성령의 감동하심에 의해서 성경을 기록했기 때문에 여기에 어떤 착오가 있었다고 보기는 어렵다. 만약 비평학자들의 견해처럼 후대의 편집자가 9~11절 안에 두 가지 전혀 다른 전승들을 삽입했다는 가정이 옳다고 해도 한 가지 문제는, 편집자가 왜 각기 다른 자료에서 나타나는 차이를 조화시키지 않고 그대로 두었겠는가 하는 것이다. 그렇기 때문에 에스라가 크고 더 중요한 것들의 수를 먼저 기록하고(9, 10절), 그다음에는 규모와 중요성을 고려치 않고 모든 물건의 수를 세고 그 수치를 기록했다(11절)고 보는 견해가 더

타당할 것이다.

다른 하나의 문제는 유다의 총독으로 불리던 세스바살에 관한 것이다(8절). 그의 정체에 대해서는 다음과 같은 네 가지 견해가 있다. 첫 번째 견해로 어떤 사람들은 세스바살이라는 이름은 스룹바벨의 페르시아 이름인 것으로 보고 있다. 세스바살이나 스룹바벨은 모두 성전의 토대를 세웠다(3:8~10; 5:16). 스룹바벨이라는 이름은 '바벨론에서 태어나다'라는 의미를 갖고 있는데, 그는 바벨론에 포로로 끌려가서 감금생활을 하다가 풀려난 여호야긴(왕하 25:27~30)의 손자다(대상 3:17~19). 스룹바벨과 여호야긴의 관계에 비추어 보면, 스룹바벨이 '유다의 총독'으로 불린 이유를 알 수 있다.

하지만 스룹바벨이 자신의 두 번째 이름을 정함에 있어 여호와께 예배를 드리는 것을 나타내는 이름 대신에 이방인의 이름(세스바살은 이방신이다)을 택했다는 것은 납득이 가지 않는다. 만약 스룹바벨과 세스바살이 같은 사람을 지칭한다면, 왜 세스바살이라는 이름이 5장 15~16절에만 언급되고 그 외에는 사용되지 않았는지 이해하기 어렵다.

두 번째 견해는 세스바살이 원래 고레스로부터 총독으로 임명을 받고 온 유대인이지만, 팔레스타인에 도착해서 얼마 지나지 않아 죽었기 때문에 스룹바벨이 그 자리를 대신했다는 것이다. 이 견해는 비록 타당성이 있어 보이지만 이것을 뒷받침해 줄 만한 명확한 증거가 없다.

세 번째 견해는 세스바살은 역대상 3장 18절에 나오는 세낫살이며, 따라서 그는 스룹바벨의 삼촌이라는 것이다.

네 번째 견해는 세스바살이 페르시아의 관리로서, 왕의 재산을 어떻게 사용하는지 감독하고 왕이 원하는 대로 일을 수행하도록 하기 위해서 예루살렘에 파견된 사람이라는 것이다. 세스바살은 페르시아의 관리이기 때문에(5:15~16), 귀환자들은 재건 작업의 합법성을 인정받기 위해서 그를 언급했다는 가정이다(참조, 5:13~16 주해).

C. 귀환한 백성들의 명단(2장)

1. 명단(2:1~63)

2:1~63 귀환자들의 명단은 몇 부분으로 나뉘어진다. 모든 사람은 각기 자신들의 고향인 유다로 돌아갔다(1절). 에스라는 처음에 11명의 탁월한 백성과 지도자들의 이름을 기록한다(2절). 예수아는 대제사장이다(3:2). 학개서와 스가랴서는 그의 이름을 여호수아로 기록한다. 그는 느부갓네살이 리블라에서 죽인(왕하 25:18~21) 제사장 스라야의 손자다(참조, 대상 6:14; 학개 1:1). 2절에 나오는 느헤미야는 느헤미야서의 인물과 동명이인이다. 느헤미야서를 기록한 느헤미야는 이 인물보다 90여 년 지난 BC 444년에 예루살렘에 돌아왔다. 그리고 본문에 언급된 모르드개 역시 에스더의 삼촌인 모르드개(에 2:5~7)와 동명이인이다. 에스더의 삼촌 모르드개는 본문의 모르드개보다 60년 전에 수사에서 살았다.

느헤미야 7장 7절에는 에스라의 기록(11명. 참조, 2:2)과는 달리 12명이 기록되어 있다(그리고 세 사람의 이름이 조금씩 차이를 보이는데 2절의 스라야, 르엘라야, 르훔은 느헤미야 7장 7절의 아사랴, 라아먀, 느훔과 동일 인물이다). 나하마니라는 이름은 에스라서의 명단에는 없는데, 원본을 필사하는 과정에서 서기관이 실수로 탈락한 것으로 보인다. 여기 12인은 이스라엘의 열두 지파의 대표를 상징하고 있다(참조, 6장 17절에서 열두 마리의 숫양은 이스라엘의 열두 지파를 위해서 제물로 바쳐졌다).

그리고 나서 에스라는 백성들의 명단을 그들의 가족과 가문에 따라서 18개로 나누어 기록한다. 이들은 모두 15,604명이다(3~20절). 그런 다음 21개 마을과 성읍(21~35절. 참조, '포로기 이후의 사마리아와 유다' 지도)에 거주하고 있는 사람들의 명단을 적고 있다(모두 8,540명). 그후에 제사장들의 명단을 밝혔는데(모두 4,289명. 36~39절), 그들 뒤에 노래하는 자들과 문지기들을 포함한 레위인들(40~42절)의 명단이 기록되어 있다. 성전 종사자들(43~54절)과 왕궁 종사자들의 자손(55~58절)은 모두 392명이다. 그리고 조상을 밝힐 수 없는 귀환자들 652명의 명단이 맨 마지막에 기록되어 있다(59~63절). 총독은 족보를 파악할 수 없는 제사장들에게 우림과 둠밈을 지닌 제사장이 나타나서 시무하기 전에는 성스러운 음식을 먹지 못하도록 했다. 우림과 둠밈은 대제사장이 가슴에 차는 장식으로 추정된다(참조, 출 28:30; 레 8:8; 민 27:21; 신 33:8; 삼상 28:6; 느 7:65).

현대의 독자들은 여기에 언급된 사람과 지역의 명단이 별로 의미가 없다고 생각할 수도 있지만, 에스라서의 원래의 독자들은 자신들의 계보와 마을들이 기록된 것을 보고 크게 용기를 얻었을 것임에 틀림없다.

2. 기록된 총 인원수(2:64~67)

2:64~67 2~42절, 58절, 60절에 기록된 귀환자들의 수를 모두 합하면 총 29,829명이다(여기에는 2절의 11명의 지도자들의 수도 포함된다). 하지만 64~65절의 온 회중의 수는 49,897명으로 되어있다. 49,897명에는

어린 아이와 여자들이 포함되었을 것으로 보인다. 또한 남부의 두 지파인 유다와 베냐민 지파의 남은 자들뿐만 아니라, 북이스라엘 열 지파의 유대인들과 계보를 정확히 알 수 없는 제사장들(2:61~62)이 포함되어서 결국 전체 인원수가 49,897명이 되었다고 생각된다.

에스라가 모든 사람들을 다 포함해서 계산한 49,897명은 느헤미야가 말한 49,942명(느 7:66~67)과 거의 일치한다. 느헤미야가 제시한 수치가 에스라보다 45명 더 많은데, 이 차이는 노래하는 자들의 수에 있다(에스라는 200명으로 기록한 반면, 느헤미야는 245명으로 계산하고 있다). 이것은 필사하는 과정에서 생긴 실수라고 생각되는데, 원본들에서는 전체 수가 같았지만 여러 번 필사하고 전수하는 과정에서 그러한 차이가 생겨난 것으로 보인다. 느헤미야 7장 67절을 필사하던 서기관이 68절을 67절로 잘못보고, 68절의 245명을 67절에 필사했을 것이다. 즉 노새의 수가 245마리인데, 실수로 노래하는 자들의 수를 245명으로 기록한 것으로 보인다. 이와 같은 필사 과정에서 일어나는 실수가 이 명단의 다른 부분에서도 나타난다(이것에 대한 더 자세한 논의는 느헤미야 7장의 주해를 보라. 참조, 느 7:8~62, '에스라 2장과 느헤미야 7장에 기록된 포로 귀환자들의 명단' 도표).

에스라서에는 심지어 동물들의 수까지도 기록되어 있는데, 모두 8,136마리로 나귀가 대부분이며, 이것들은 주로 승마용으로 사용되었다(2:66~67).

바벨론에서 이스라엘까지는 거의 1,450킬로미터 정도 되는데, 대략 도달하는데 4개월쯤 걸렸다(참조, 7:8~9). 그런데 에스라는 자신이 바벨론에서 예루살렘까지 오는데 얼마의 기간이 걸렸는지는 밝히지 않는다. 그의 주된 관심은 백성들이 어려움을 겪는 모습이 아니고, 그들이 성전을 재건해야 할 의무를 갖고 있다는 것을 역설하는 것이다.

3. 복구 작업이 시작되다(2:68~70)

2:68~69 귀환자들은 예루살렘에 돌아와서 하나님의 전(당시 성전은 이미 파괴되었다. 여기서 하나님의 전은 성전 터를 가리킨다)에 가서 그들의 재력에 따라서 소유물을 바쳤다. 그들은 많은 돈과 물질을 바쳐서 성전 건축을 시작했다. 에스라서에 기록된 백성들이 바친 귀금속과 물건의 수는 느헤미야의 기록(느 7:70~72)과 다르다. 에스라서에는 금이 61,000 드라크마(다릭)인데 비해 느헤미야서에는 41,000드라크마로 되어 있다. 에스라서는 은이 5,000마네인 것에 반해 느헤미야서는 4,200마네로 기록하고 있다. 에스라서는 제사장의 옷을 100벌로 기록한 반면 느헤미야서는 597벌로 기록하고 있다. 이러한 차이가 나는 것은 초기의 필사자들의 실수 때문인 것으로 보인다.

2:70 귀환자들은 자신의 선조들이 대대로 살아오던 성읍에 정착했다(참조, '포로기 이후의 사마리아와 유다' 지도).

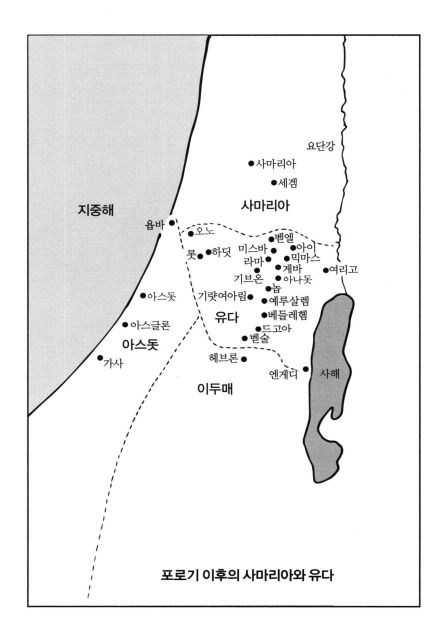

포로기 이후의 사마리아와 유다

1. 제단과 성전 기초를 세우다(3장)

3:1~2 백성들에게 주어진 첫 번째 임무는 제단을 재건하는 것이다. 제단은 원래 성전의 동편에 위치해 있었다. 이 제단은 이스라엘 백성들을 다른 나라와 구분 짓는 것이며 하나님께서 백성들의 죄를 사해 주시는 도구로 사용된 것으로서, 희생제사 제도를 다시 회복하는 데 있어서 필수적인 것이다. 백성들은 7월에 예루살렘에 다시 모였다. 이 7월은 백성들이 바벨론을 떠난지 7개월 되던 달을 가리킬 수도 있고, 그들이 예루살렘에 도착하고 나서 7개월이 지난 때로 생각할 수도 있다. 본문의 7월은 9, 10월이다(참조, 출 12:1, '이스라엘의 달력' 도표). 이스라엘이 포로로 잡혀가기 전에는 7월이 종교적으로 매우 중요한 달이었다. 세 가지 대규모의 축제가 7월에 베풀어졌다. 7월 1일은 나팔절(레 23:23~25), 10일은 대속죄일(레 23:26~32), 15~21일은 장막절(레 23:33~36, 39~43; 민 29:12~39. 참조, 3:4)로 지켰다.

'이스라엘 자손이 일제히 모였다'라는 말은 그들 모두가 복구 작업의 시급함에 동감하고 있었음을 의미한다. 제단을 세우는 일은 종교 지도자인 예수아(아론의 후손)와 시민의 지도자인 스룹바벨(다윗의 후손)의 지휘하에 시작되었다. 이 일에는 많은 제사장들(아론의 후손들)과 스룹바벨의 친척들(다윗의 후손들)이 모두 참여했다. 귀환자들이 모세의 율법을 준수해야 한다는 것은 당연한 명령이었다. 그들의 선조들이 계약을 범했기 때문에 이스라엘이 포로로 잡혀가게 된 것이다. 이제 자유의 몸으로 귀환한 사람들은 다시는 그러한 실수를 하고 싶은 마음이 없었다.

3:3~6 귀환자들은 그들 주변의 민족들, 즉 앗수르 제국에 의해서 팔레스타인에 끌려온 사람들에 대한 두려움이 있었지만, 과감히 제단을 세우고 그 위에서 번제를 드렸다(참조, 레 1장; 6:8~13). 이것은 7월 첫째 날부터 시작되었다(6절). 이 제사는 BC 586년에 유다가 멸망한 이래로 50년만에 처음으로 드려지는 제사였다. 백성들은 율법에 명시된 다른 제사들도 드렸다. 그래서 7월 15일부터 21일까지는 장막절로 지켰다(참조, 레 23:33~36, 39~43; 민 29:12~39). 희생제사를 드리는 행위는 백성들이 하나님의 율법에 응답하고자 하는 의지를 보여 준다.

3:7~9 성전 재건 작업은 그들이 예루살렘에 도착하고 2년이 지난 2월에 시작되었다(BC 536년 5~6월. 이 해는 BC 605년의 첫 번째 포로 압송 이후로 정확히 70년 되던 해이다). 우리는 이 사실에서 이스라엘 백성들이 성전의 터를 놓기 위해 많은 기간 동안 준비해 온 것을 알 수 있다. 그런데 그들이 제단을 세우고 나서 7개월이 지날 때까지 성전 건축을 미뤘던 이유는 무엇인가? 그 이유는 그들이 성전을 재건하기 위한 물건들을 확보하는 데 시간이 걸렸기 때문이다. 목재(백향목)는 레바논에서 운송했다(참조, 1:1, '페르시아 제국' 지도). 레바논은 백향목과 유능한 목수들로 유명했다. 당시로부터 430년 전인 BC 966년에 솔로몬은 최초의 성전을 세우기 위해서 레바논에서 목재(백향목, 소나무, 백단나무)와 목수를 유입해 왔다(왕상 5:1~10, 18; 대하 2:1~16). 솔로몬은 2월, 즉 스룹바벨의 지도로 성전을 재건하는 달(5~6월. 왕상 6:1)에 그의 성전 건축 공사를 시작

했다. 레바논의 두로와 시돈이 페르시아의 수중에 들어간 이후로 고레스는 솔로몬 시대 때와 같은 상호교역, 즉 돈과 음식, 음료, 기름 등과 목재를 교환하는 것을 인정해 주었다.

스룹바벨은 레위인들을 성벽 재건 사역의 감독들로 삼았다. 수세기 전에 레위인들은 장막 건설(출 38:21)과 그것을 관리하고 운반하는 일을 맡았다(민 1:50~51; 3:21~37). 그들이 이제는 성전 건축 작업에 참가하게 되었다. 세 레위인 그룹들이 감독을 했다는 사실이 9절에 언급되어 있는데, 예수아와 그의 가족, 갓미엘(참조, 2:40)과 그의 가족, 헤나닷의 가족 등 세 그룹의 사람들이 감독했다.

3:10~11 성전의 기초를 놓는 실제적인 과정을 기록했지만 거기에 소요된 시간 등에 대해서는 전혀 언급이 없다. 이것은 에스라가 어려운 상황 속에서도 용감히 나아갔던 이스라엘 공동체의 모습과 그들이 이루어 놓은 결과에 더 관심을 두었기 때문이다. 이스라엘 백성들은 고레스의 명령을 따랐지만, 이보다 더 중요한 것은 그들이 자신들과 계약을 맺고 계시는 하나님의 명령을 따랐다는 사실이다. 성전의 기초를 놓는 작업이 끝나자 이스라엘 백성들은 모세의 계약을 통해서 하나님과 바른 관계를 맺어 온 그들의 선조들의 신앙 전통을 지키는 일에 힘을 기울였다. 제사장들과 레위인들은 다윗이 정해 놓은 규례에 따라 성전 터의 봉헌 예배를 인도했다. 그들이 예식을 집행한 순서는 다윗이 법궤를 예루살렘에 옮길 때 했던 것과 같다. 다윗 때에는 제사장들이 나팔을 불고 아삽의 제금(대상 16:5~6)을 쳤다. 지금도 역시 제사장들이 나팔을 불고 아삽의 아들들(후손들)이 제금을 쳤다. 그리고 집행된 예식의 순서는 솔로몬 시대에 법궤를 성전에 들이던 때의 예식과 동일하다(대하 5:12~13). 이때는 아삽과 그 외

의 많은 사람이 제금을 치고 비파와 수금을 켰다. 그리고 제사장들은 나팔을 불었다. 에스라 시대의 성전 재건 예배에서는 제사장과 레위인들이 노래를 불렀다. "주는 지극히 선하시므로 그의 인자하심이 이스라엘에게 영원하시도다"(11절). 이 노래는 역대하 5장 13절(참조, 시 136:1)의 찬양과 거의 동일하다. 이러한 찬양의 노래는 예배에 있어서 대단히 중요한 역할을 했다. 노래를 통해서 지도자들이 여호와께서 사랑으로 나라를 지켜주셨다는 사실을 공포했기 때문이다. 여기서 '사랑'은 '헤세드'(חֶסֶד)인데, 여기에는 하나님께서 계약을 신실히 이행하신다는 의미가 담겨 있다. 그리고 이스라엘 백성에 대한 하나님의 이 헤세드는 영원히 계속된다. 이렇게 해서 성전 예배가 다시 제정되었고 백성들은 하나님의 끝없으신 계약의 사랑을 다시 한 번 경험하게 되었다.

3:12~13 이스라엘 백성들은 성전 터 봉헌 예배를 드리는 동안 기쁨을 감추지 못했다. 하지만 파괴되기 이전에 솔로몬의 성전(당시로부터 50년 전인 BC 586년에 파괴되었다)을 본 나이 많은 제사장들과 레위인들 그리고 각 가문의 지도자들은 자신들이 세운 성전 터를 보고 실망을 금치 못했다. 그들은 자신들이 현재 추진하고 있는 성전 재건 작업이 솔로몬 성전의 장중한 규모에 비하면 지극히 초라하다는 것을 느꼈다. 이러한 실망의 감정은 그로부터 16년이 지난 BC 520년의 성전 재건 작업에서도 동일하게 나타났다(학 2:1~9). 그래서 성전 터 봉헌 예배를 드리는 동안 기쁨과 울음(슬픔으로 인한)이 뒤섞인 소리가 얼마나 컸던지 멀리 있던 사람들까지 들을 정도였다.

2. 재건 작업이 반대에 부딪히다(4:1~6:12)

에스라는 성전이 완성되기까지 21년 동안(BC 536~515년) 일어난 사건들을 모두 기록하지는 않았다. 이것은 에스라가 성전 건축의 문제를 신학적으로 다루면서, 성전 건축을 중지시키려고 하는 반대 공작에도 불구하고 이스라엘 백성들이 하나님의 성전을 기어이 재건했다는 사실에 관심을 두었기 때문이다. 성전은 포로기 이후의 공동체가 하나님과의 교제를 나누는 데 있어서 근본적인 요소다. 성전이 재건되기 전 백성들은 하나님과의 계약 관계를 바르게 유지하면서 살 수 없었다. 에스라가 성전이 완공되기까지의 기간에 일어날 사건들을 기술하는 어조는 학개가 BC 520~518년까지 자신이 경험한 저항을 기술하는 어조와는 확실히 다르다(학 1장). 에스라는 학개 시대의 백성들처럼 죄악이 난무하는 것과는 전혀 다른 외적인 압력들에 관심을 기울이고 있는 반면, 학개는 영적인 측면보다는 물질적인 것에 큰 가치를 두는 사람들의 내적인 태도를 기술하는 데 역점을 두었다(학 1:4~6).

a. 재건 작업을 중지시키려는 적들의 시도(4:1~5)

4:1~2 이스라엘 백성들의 대적들은 성전 재건 작업을 중단시키기 위해서 두 가지 방법을 사용했다. 첫째, 그들은 성전 재건 작업을 돕겠다고 제의했다. 그렇게 함으로써 그들은 이스라엘 백성들 가운데로 들어가서 성전 재건 작업을 방해하려고 했다. 하지만 그들의 계략이 실행되지 못하자 일하는 사람들을 위협하고(아마도 죽이겠다는 위협을 했을 것이다) 왕의 신복들을 돈으로 매수해서 그들에게 이스라엘 백성들을 괴롭히도록 했

다(4~5절). 유다와 베냐민 지파의 대적들은 북이스라엘이 멸망한 BC 722년부터 팔레스타인에 거주하고 있던 사람들을 가리킨다. 앗수르 제국은 북이스라엘의 10지파를 정복하고 백성들을 앗수르에 포로로 끌고 가서 다른 민족들과 통혼하도록 했다(왕하 17:23~24). 이러한 정책은 정복지에서 일어날지도 모르는 강력한 국수주의적 폭동을 미연에 방지했다.

'대적'(에스라 4장 4절에는 '그 땅 백성'이라고 명했다)들은 앗수르의 통혼 정책에 의해서 생겨난 사람들이며, 신약에 등장하는 사마리아 사람들의 선조다. 에스라 시대에 이 사람들은 자신들도 동일한 하나님, 즉 이스라엘의 하나님을 예배한다고 주장했다. 그러나 그들은 혼합 종교적인 예배 의식을 갖고 있었다. 그들은 여호와와 더불어서 다른 신들도 함께 섬겼다(왕하 17:29, 32~34, 41). 따라서 그들의 주장은 부정확했고(2절) 귀환한 백성들의 지도자들을 혼란스럽게 만들었다. "앗수르 왕 에살핫돈이 우리를 이리로 오게 한 날부터"(2절). 에살핫돈은 부분적인 이주 정책을 폈으며 각 지역의 사람들이 자기 선조들의 전통을 유지하도록 하는 정책을 강력히 폈다. 산헤립의 아들 에살핫돈은 BC 681~669년까지 통치했다. 앗수르 왕인 사르곤 2세(BC 722~705년)와 산헤립(BC 705~681년)에 의해 사마리아로 이주한 사람들도 있다. 유다와 베냐민의 대적들은 유대인들처럼 자신들도 외부에서 이주된 사람들이라는 점을 들어서, 자신들을 성벽 재건 작업에 동참케 해줄 것을 요청했다. 그들은 이스라엘이 그 땅에서 뿌리를 내리는 것을 방지하고자 했다.

4:3~5 총독 측 스룹바벨과 종교 지도자 측 예수아는 단호하고 즉각적인 답변을 했다. 그들은 대적들이 제안한 것을 받아들임으로써 화를 자초하는 것을 원치 않았는데, 여기에는 두 가지 이유가 있다. 첫째, 예루살렘

의 성전은 이스라엘의 하나님 여호와를 위한 것이며 여호와는 이스라엘의 대적들이 섬기는 신들과는 전혀 다른 분이다. 둘째, 이스라엘 백성들은 성전 재건 지역을 고레스 왕으로부터 명령 받아서 수행하고 있으며 소요되는 모든 것을 자신들의 힘으로 해결했다. 이스라엘 사람들이 그들의 제안을 거절하자 대적들은 성전 재건을 방해하기 위해서 2단계 작전을 폈다. 앞에서 이미 밝힌 것처럼, 대적들은 일하는 사람들을 실망케 하고 그들이 두려움을 갖게 만들고자 했다. 이러한 그들의 계획은 BC 521년에서 486년까지 통치한 페르시아의 다리오 왕의 통치 때까지 계속되었다. 그런데 예루살렘의 성전은 다리오의 재위 기간 중인 BC 515년에 완공되었다. 다리오 시대에 성전 재건을 위한 계획은 에스라 4장 24절부터 다시 이어진다. 6~23절까지는 삽입부분이다.

b. 삽입 부분 : 편지(4:6~23)

이 삽입 부분의 편지들은 아닥사스다에게 이스라엘의 대적들이 보낸 편지와 아닥사스다 왕이 보낸 답장으로 이루어져 있다. 이 편지는 연대기적인 순서로 정리되어 있지 않지만, 그 내용은 에스라가 기술하기 시작하는(1~5절) 대적들의 박해가 아하수에로가 통치를 시작한 해(6절)인 BC 485년과 아닥사스다 때(464~424년)까지 계속되었음을 일관성 있게 알려준다. 아닥사스다가 통치하고 있는 동안에 일어난 사건들은 에스라 7~10장에 기록되어 있다. 포로기 이후의 페르시아 왕들의 이름과 연대들에 대해서는 1장 1절의 주해에 있는 '포로기 이후의 연대기'를 참고하라. 여기에 삽입되어 있는 편지는 에스라가 귀환하던 때(BC 458년)에 기록된 것으로, 실제로는 에스라서에서 말하는 연대보다 80년 후에 기록되었다. 하지만 에스라가 이 편지를 연대기적으로 차이가 있는 이 부분에 삽입한 것은 독자들을 기만하는 것은 아니다. 에스라는 편지가 기록된 당시의 통치자들의 연대를 명확히 밝혀 놓았다. 당시의 전반적인 역사에 대해서 조금이라도 알고 있는 사람은 에스라가 편지를 연대기적으로 배열하지 않고 그것을 내용에 따라서 논리적으로 배치함으로써 무엇을 보여 주려고 의도했는지 금방 알 수 있을 것이다.

4:6 성전 재건에 대한 방해는 아하수에로 시대에도 계속되었다. 크세르크세스는 에스더서에는 아하수에로 왕으로 기록되어 있는데, 그는 BC 485년에서 465년까지 통치했다. 에스라는 대적들의 고발이 어떤 성격을 지니고 있으며 그것이 어떠한 결과를 일으켰는지는 기록하지 않고, 다만 대적들의 고발에 의해서 성전 재건 작업이 중단되었다는 사실만을 기록하고 있다. 아하수에로 시대에 이스라엘의 대적들이 왕에게 직접 참소했다는 기록은 성경 어느 곳에서도 찾아볼 수 없다. 4장 6절은 페르시아의 다음 왕이 통치하던 시기에 이스라엘의 대적들이 4장 7절의 편지들을 기록하게 만든 배경을 보여 준다.

4:7 유대인들에 대한 반대는 아닥사스다 시대에도 강력했다. 본문에서 강조하는 것은 아닥사스다 시대(BC 464~424년)에 쓰여진 두 통의 편지이다. 이스라엘의 대적들이 왕에게 편지를 보내자 왕이 답장을 했는데, 거기에는 이스라엘 백성들이 현재 하고 있는 성전 재건 작업을 중지하라는 명령이 들어 있다. 이런 점으로 미루어 보아, 이 편지는 느헤미야가 귀환하기 전에 기록된 것이 분명하다. 느헤미야 시대에는 재건 작업이 다시 재개되어 결국 느헤미야에 의해서 완성되었기 때문이다. 편지를 쓴 사람들

은 서부 셈어(히브리어가 여기에 속한다)를 사용하고 있었는데, 편지는 당시의 공용어였던 아람어로 썼다. 비스듬한 히브리어체나 쐐기문자가 아닌 정방형의 아람어체였다. 에스라서 4장 8절~6장 18절과 7장 12~26 절은 아람어이다. 비슬람, 미드르닷, 다브엘은 사마리아 사람들이었을 것이다.

4:8~10 이스라엘 지역의 방백 르훔과 서기관 심새는 페르시아 사람들로서, 이스라엘의 대적들에게 매수되어 왕에게 편지를 썼다. 그들은 편지 서문에서 성전 재건 작업을 막으려는 사람들이 전세계 각 지역에서 왔음을 왕에게 알리고자 애썼다. 그들의 불평은 어느 한 무리의 일방적인 것이 아니고, 페르시아 제국의 여러 지방에서부터 온 관리들과 방백들(참조, 1:1, '페르시아 제국' 지도)과 앗수르의 왕 앗수르바니팔에 의해서 200년 전에 그의 통치하에 있던 사마리아로 강제 이주된 사람들이 다 포함된다고 밝혔다. 앗수르바니팔(BC 669~626년)은 그의 선왕인 에살핫돈(4:2)이 시작한 백성들의 이주 정책을 이어받아서 계속 시행했다.

4:11~16 편지(참조, "조서 초본"[4:23]. 5:6; 7:11)를 쓴 사람들은 페르시아 왕에게 왕의 신하들이라고 자신들을 소개했다. 편지는 12~16절에 들어 있다. 성전 재건의 반대자들은 유대인들이 "이미 그 기초를 수축하고 성곽을 건축"(12절)하고 있다고 말했다. 그들은 성전 건축을 방해하려고 했던 것이 아님이 명확하다. 왜냐하면 성전은 BC 515년에 이미 완성되었기 때문이다. 그들은 이스라엘 백성들이 예루살렘 성벽을 재건하려고 하는 것을 막고자 했는데, 그들은 예루살렘을 패역하고 악한 성읍이라고 지칭했다(참조, 15, 19절). 그들이 왕에게 예루살렘 성벽의 재건을 중지해 달

라고 청원하면서 다음과 같이 이유를 댔다. "이제 왕은 아시옵소서 만일 이 성읍을 건축하고 그 성곽을 완공하면 저 무리가 다시는 조공과 관세와 통행세를 바치지 아니하리니 결국 왕들에게 손해가 되리이다"(13절). 고발자들은 현재 예루살렘에서 일어나고 있는 일들을 왕에게 알리는 것은 애국의 임무를 수행하는 것이며, 예루살렘이 전에 파괴된 적이 있는 패역한 곳임을 왕에게 알리는 것이야말로 자신들의 임무라고 생각했다. 이 편지에는 이스라엘 백성들이 예루살렘을 완공해서 성을 강력하게 하고 그들이 전에 점유하던 모든 영토를 다시 회복한다면, 페르시아 왕은 요단강 서편의 땅들을 잃게 될 것이라고 고발했다. 그들은 이스라엘 백성들의 재건 작업을 중지시키지 않으면 왕은 제국의 상당한 부분을 상실할 것이라고 주장했다.

4:17~23 아닥사스다 왕은 이스라엘 방백들의 편지를 받고서 답장을 했는데, 나중에 성벽 재건을 허용할 수도 있다는 가능성을 열어 놓음으로써 오히려 이스라엘의 지위를 강화시키는 역할을 했다. 물론 성벽 재건 작업은 후에 느헤미야가 진행하여 완공됐다. 이스라엘 백성들을 고발하는 편지를 받은 왕은 궁중 문서보관소에 보관되어 있는 문서들을 살펴서 예루살렘이 과거에 세력이 강성했다는 사실을 찾아냈다. 이 사실은 에스라서를 읽는 당대의 독자들에게 다윗과 솔로몬의 영화로운 시대를 회상함으로써 긍지를 느끼게 만들고, 심지어는 이방의 왕까지도 이스라엘이 과거에 예루살렘을 중심으로 강력한 세력을 갖고 있었다는 사실을 인지하게끔 했다. 왕은 결국 예루살렘 성벽 재건 작업을 중지할 것을 명령했다. "이제 너희는 명령을 전하여 그 사람들에게 공사를 그치게 하여 그 성을 건축하지 못하게 하고 내가 다시 조서 내리기를 기다리라"(21절). 그런데

후에(BC 444년) 이 조서를 변경시키고 느헤미야가 귀환하도록 도와주고, 또한 예루살렘의 성벽을 재건하게끔 허락한 왕이 바로 아닥사스다 왕이다(느 2:1~9). 답장이 오자 이스라엘의 대적들은 그 명령을 앞세워 재건 작업을 중지시켰다.

c. 반대의 결과(4:24)

4:24 4장 6~23절은 삽입 부분이다. 그래서 24절은 5절에 이어서 읽어야 한다. 고레스 통치 기간 동안에 일어난 대적들의 반대로 인해서 성전 재건 작업이 다리오 왕 2년까지(BC 520년) 연기되었다. 이스라엘 백성들이 하나님의 전을 재건하기 위해서 귀환한 지 18년이 지나서야 그들은 다시 성전 건축을 재개할 수 있었다.

d. 재건 사역의 재개(5:1~6:12)

이 부분은 다리오 왕 시대에 일어난 역사적인 사건들을 언급하고 있다. 성전 재건이 하나님에 의해서 주권적으로 내려진 명령이며 이방의 통치자들(이때에는 다리오 1세[BC 521~486년])에 의해 수행된다는 것을 독자들이 이해하는 데 도움을 주었다.

5:1~2 성전 공사는 BC 535년부터 520년까지 중단되었다(4:1~5, 24). 이제는 두 명의 중요한 선지자, 학개와 스가랴가 성전 재건 작업을 재개한다. 이 두 사람이 선포한 내용이 학개서와 스가랴서에 기록되어 있다. 학개는 BC 520년 8~12월까지 예언 활동을 했다. 그들은 격려와 도움을 주

고발받으며 용기 있게 말씀을 전했다(참조, 6:14; 학 1:8; 2:4; 슥 4:7~9). 그들은 이스라엘 백성이 성전을 재건하기 전까지는 하나님과의 계약에 따른 규례를 지키지 않는 것이 된다는 사실을 알았기 때문에 성전 재건에 열렬한 관심을 기울였다. 이 두 선지자는 당시 이스라엘이 당하고 있던 어려움이 성전을 재건하지 않음으로써 하나님께 충성을 다하지 못했기 때문이라고 역설했다. 하지만 에스라는 이 둘과는 다른 각도에서 문제를 살펴봤다. 그는 이스라엘 백성들이 성전 재건 사역을 지연할 수밖에 없었던 그 외적인 요소를 기록했다. 성전 재건 작업은 시민의 대표자인 스룹바벨과 종교 지도자인 예수아가 주도했다.

5:3~5 하지만 재건 작업이 시작되는 순간, 또 다른 장애 요인으로(참조, 4:1~5) 중단할 수밖에 없었다. 이스라엘의 지도자들은 페르시아 제국의 왕이 파송한 지방 방백들의 성의 없는 태도와 정면 충돌하게 되었다. BC 502년에 기록된 한 바벨론의 문서에는 닷드내라고 하는 이름과 그의 직함('강 건너편 총독')이 언급되고 있다. 그는 이스라엘을 포함한 시리아-팔레스타인 지역을 관할하고 있었다. 스달보스내는 닷드내의 지지자였을 것이다. 자기가 다스리고 있는 영역 내에서 그와 같은 재건 작업이 이루어지고 있다는 말을 들은 닷드내에게는 조사 책임이 있었다. 다리오가 왕위에 오르고 나서부터 페르시아의 정국은 대단히 혼란스러웠다. 아마도 닷드내는 예루살렘에서 진행되고 있는 성전 재건 작업이 제국에 대한 전면적인 반역으로 확대될 수도 있다고 판단했을 것이다.

　　몇몇 관리들은 스룹바벨과 예수아에게 누가 그 작업을 허락했으며("성곽을 마치게 하였느냐"[3절]의 구절에서 '성곽'은 문자적으로 '목 구조물'을 뜻한다) 그 작업의 책임자는 누구인지를 물었다(참조, 5:9~10). 하지만 이러한 도전에도 불구하고 성전 재건 작업은 중단되지 않았다. 그것은 이스라엘의 하나님께서 그들을 지켜보고 계셨기 때문이다. 에스라서와 느헤미야서에서 빈번히 나타나는 말은 '하나님의 선한 손의 도우심을 입다'는 것이다(스 7:6, 9, 28; 8:18, 22, 31; 느 2:8, 18). 하나님께서는 이스라엘 백성들을 눈동자같이 지키시고 두 손으로 축복하셨다. 하나님께서는 이러한 반대에도 불구하고 분명하게 역사하셨으며, 이 역사하심을 통해서 성전 재건 작업은 끝내 완수할 수 있었다.

5:6~10 에스라는 예루살렘에서 진행되고 있는 성전 재건 사역(5:7~16)에 대해서 '강 건너편 총독' 닷드내가 다리오 왕에게 보낸 편지("글의 초본" [4:11]. 23; 7:11)의 내용을 본문에 기록하고 있다. 닷드내는 "지극히 크신 하나님의 성전"(8절) 재건 사역을 언급하면서 편지를 시작한다. 이것은 닷드내가 이스라엘의 하나님 여호와께서 유일하시며 전능하신 분이라는 사실을 믿었다는 의미는 아니다. 닷드내의 말에는 이스라엘이 성전을 짓고 있는 그 하나님이 유대 지역에서는 제일신이라는 사실을 가리키는 것 외에는 특별한 신앙적인 의미는 찾아볼 수 없다. 고대 근동에서는 지방 신들을 믿는 신앙이 고도로 발달했다. 닷드내는 커다란 돌들과 목재들을 사용해서(참조, 6:4; 왕상 6:36) 성전 재건 공사를 하고 있으며, 유대인들이 열심히 일을 해서 그 공사가 빠른 속도로 진척되고 있다고 왕에게 알렸다. 그리고 그는 자신들이 이스라엘의 사람들에게 그 재건 공사를 누가 허락했으며, 계획을 이끌어 나가는 지도자의 이름이 무엇인지 물었다는 말을 덧붙이고 있다.

5:11~12 닷드내는 자신의 질문에 답을 한 유대인들의 말을 기록하고 있

다. 스룹바벨과 예수아는 스스로를 "천지의 하나님의 종"(11절)이라고 소개했다. 그들은 자신들이 결코 페르시아의 종이 아님을 천명했다(참조, 1:2 주해, '하늘의 하나님이라는 칭호'에 대하여). 참되신 하나님 여호와는 다리오의 신, 즉 다리오가 '하늘의 신'이라고 부르는 아후라 마즈다(Ahura Mazda)보다 우월하시다. 오래 전에 이스라엘의 위대한 왕 솔로몬은 아름다운 성전을 지었다. 그 성전은 고대 근동 지역에서 구조가 가장 뛰어난 건물이었다. 하지만 죄("우리 조상들이 하늘에 계신 하나님을 노엽게 하였으므로"[12절]) 때문에 하나님께서는 이스라엘을 느부갓네살의 손에 붙이셨다. 유대인들은 성전이 파괴되고 백성들이 포로로 끌려갈 수밖에 없었던 이유를 알고 있었다. 하나님의 '약속과 위협'(신 28장) 주제의 맥락 속에서, 하나님께서는 백성들이 약속의 땅에 들어가기 전에 그들과 더불어 맺으셨던 계약에 따라서 살지 않으면 이스라엘 백성들을 유배시키겠다고 말씀하셨다. 예루살렘 몰락은 순전히 느부갓네살의 힘에 의해 이뤄진 것이 아니다. 그 일은 하나님께서 주관하신 일이다. 느부갓네살은 하나님께서 자신의 백성들에게 죄에 대한 징계를 내리고자 할 때 사용된 도구에 불과하다("내 종 바벨론 왕 느부갓네살"[렘 25:9; 27:6; 43:10]). 하나님의 진노는 이스라엘을 정화시키고 하나님을 경외하는 남은 자들을 귀환시키는 역할을 했다. 이스라엘 백성들이 바벨론에 포로로 잡혀갔다는 것은 여호와께서 느부갓네살이 믿는 신들에게 패배하셨다는 의미가 아니다. 느부갓네살은 이스라엘 백성을 정화시키는 하나님의 도구에 불과했다.

5:13~17 성전 건축을 명령한 사람과 그것을 시행하는 사람들이 누구냐고 묻는 닷드내의 질문에 스룹바벨과 예수아는 고레스가 이스라엘의 남은 자들을 예루살렘에 돌려 보내면서 성전을 재건하게 하고, 심지어 솔로

몬의 성전에서 가져온 기물들까지 주었다고 답했다(참조, 1:2~4, 7~11). 닷드내는 고레스가 세스바살을 자신의 명령을 수행할 책임자로 임명했으며 또한 세스바살이 예루살렘 성전의 기물들을 가지고 돌아가서 성전을 짓도록 명령한 사실을 왕에게 보내는 그의 편지에 자세히 기록했다. 세스바살은 닷드내에게 성전 재건 작업은 왕의 명령에 의한 합법적인 것이라는 사실을 역설했다. 세스바살의 이름이 닷드내의 이름과 같은 비중으로 언급되는 것으로 보아 세스바살이 페르시아인 관리였을 가능성도 있다(참조, 1:8 주해, '세스바살의 정체'에 대한 문제). 많은 사람들이 세스바살과 스룹바벨을 동일인으로 생각하고 있는 이유는 세스바살이 스룹바벨과 마찬가지로 성전 기초를 세웠기 때문이다(3:8~10). 하지만 이것을 두 사람이 동일인임을 주장하는 근거로 사용할 수는 없다. 세스바살은 왕의 대변인으로서 성전 재건을 감독할 임무를 띠고 왔고 스룹바벨은 유대인 지도자로서 성전을 재건한 사람으로 볼 수 있다. 닷드내와 기타 관리들은 왕에게 유대인들이 말하는 고레스의 조서가 사실인지 알아보기 위해 바벨론의 문서 보관소에서 기록을 찾아보도록 지시할 것을 청원했다. 고레스의 이 조서가 소중히 보존되었다는 사실이 고고학 발굴에 의해 명백하게 입증되었다.

6:1~5 닷드내는 바벨론의 보물전각에서 고레스 왕의 조서를 찾도록 청원했으나(5:17) 발견하지 못했다. 그 대신 바벨론에서 북동쪽으로 480킬로미터 가량 떨어져 있는 메대의 수도인 악메다(Ecbatana. 오늘날에는 하마단[Hamadan]으로 불린다)에서 파피루스 또는 양피지로 된 두루마리를 발견했다(1~2절). 그 두루마리가 악메다에서 발견된 것은 고레스가 BC 538년 여름, 즉 그 조서를 발표하던 때에 악메다에 거주하고 있었기 때문

이다. 이 악메다 문서는 짧은 공식 문서로서 다음 세 가지 사항을 다루고 있으며, 구두로 선포된 사항이나 에스라 1장 1~4절에 언급된 사실은 포함하지 않는다. 이 악메다 문서에 기록된 세 가지 사항은 다음과 같다. 첫째, 성전을 짓되 높이와 폭을 각각 27미터씩으로 하고 큰 돌 셋에 각각 목재 하나씩으로 한다(참조, 5:8; 왕상 6:36). 둘째, 성전 재건을 위해서 소요되는 경비는 모두 왕실에서 충당한다. 이 조항은 고레스가 예루살렘 성전 재건에 얼마나 관심을 기울이고 있었는지를 알려준다. 셋째, 예루살렘에서 가져온 금과 은 그릇들을 가져다가 예루살렘 성전의 원래의 자리에 둔다("또 느부갓네살이 예루살렘 성전에서 탈취하여 바벨론으로 옮겼던 하나님의 성전 금, 은 그릇들을 돌려보내어 예루살렘 성전에 가져다가 하나님의 성전 안 각기 제자리에 둘지니라 하였더라" [5절]).

6:6~12 다리오 왕은 닷드내와 그의 동료들에게 세 가지를 지시했다. 첫째, 유대인들을 통제하지 말고 그들이 하는대로 두고 성전 재건 작업을 방해하지 말라고 지시했다(6~7절). "그 곳을 멀리하여"(6절)라는 구절은 당시 공용어인 아람어로 씌어져 있다. 이것은 고레스 왕이 내린 조서의 내용과 일치한다. 둘째, 거두어들인 세금을 유대인들에게 주어서 그것을 성전 재건의 경비로 쓰게 하고 가축들을 매일 충분히 주어서 유대인들이 새로 지은 성전에서 희생제사를 드릴 수 있게 하라고 지시했다(8~10절). 밀, 소금, 기름을 주어서 소제를 드릴 수 있게 하고(레 2:1~2, 7, 13) 포도주를 주어서 유대인들이 축제날에 관제(레 23:13)를 드릴 수 있게 하라고 지시했다. 셋째, 그리고 만약 이 조서에 명시된 사항을 불이행하는 자는 누구든지 비참한 결과를 맞게 될 것임을 강조했다(11~12절). 왕의 이 명령을 어기는 자는 그 집에서 들보를 빼내고 그 위에 매어 달게 하고 그 집은 파

괴시키는 형벌을 받도록 했다. 나무에 매다는 처형은 앗시리아와 페르시아 제국에서 행하던 것이다. 다리오는 그의 거대한 왕국에 속해 있는 이스라엘에서 반란이 일어나는 것을 원치 않았다. 그리고 이 이방 왕은 하나님께서 하나님의 이름을 예루살렘에 두셨다는 사실을 알고 있었다. 다리오는 여호와를 한 지역신으로 생각하고 있었을 것이다(참조, 5:6~10 주해). 하지만 에스라는 '여호와의 이름이 예루살렘에 거한다'는 사실에 함축되어 있는 하나님과 이스라엘과의 계약의 의미를 누구보다 분명하게 알고 있었다.

결국 이렇게 해서 닷드내의 의문이 모두 풀렸다. 이제 닷드내는 왕의 조서에 명시된 사항들을 실행하는 데 온 힘을 기울였다. 성전 재건 사역을 중지시키는 대신, 그 사역이 진행되도록 놓아두었으며 그가 거두어 들인 세금을 성전 건축에 소요되는 경비로 쓰도록 지출했다. 성전을 파괴하는 자에게 내리겠다고 한 다리오 왕의 저주는 이후 역사에서 이루어졌다. 안티오코스 에피파네스는 BC 167년에 성전을 더럽혔는데, 그는 그 후로 3년이 지나서 정신병자가 되어 죽었다. 헤롯 대왕(BC 37~4년)은 자신의 이름을 드높이기 위해서 성전을 확장했는데, 결국 국내의 문제로 인해서 어려움을 당하고 질병으로 사망했다. 로마인들은 AD 70년에 성전을 파괴했는데, 로마제국은 결국 멸망하고 말았다.

3. 성전이 재건되다(6:13~15)

6:13~15 닷드내와 그의 동료들은 다리오 왕의 지시를 받자 열심히 그 일을 추진했다('신속히 준행하다'는 말은 5:8; 6:12; 7:21, 23에 나온다). 성전 재건 작업은 학개와 스가랴의 선포(참조, 5:1)에 의해서 힘을 얻은 유대

인 장로들이 재개했다. 에스라서는 성전을 재건하도록 한 것은 다리오의 조서가 아니고 궁극적으로 하나님의 섭리였다는 사실을 독자들에게 알려 준다. 하나님께서는 이방 페르시아의 왕들, 즉 고레스, 다리오, 아닥사스다 등을 통해서 역사하셨다. 그리고 일하는 사람들, 예언자들, 왕들, 하나님 모두가 이 성전 재건 사역에 관여되었다. 아닥사스다는 성전 재건과는 전혀 관계가 없다. 하지만 그는 성벽을 재건하도록 조서를 내렸다는 점에서 여기에 포함된다(느 2:1, 8). 아닥사스다는 성전에서 제사를 드릴 수 있도록 했다(7:12~17). 어떤 사람들은 아닥사스다의 이름이 초기 필사자에 의해서 삽입되었다는 주장을 하는데, 이것은 전혀 근거가 없는 주장이다. 사실 히브리어에서는 '성전'이라는 말이 6장 14절에 나타나지 않는다. 그것을 히브리 본문대로 읽으면 다음과 같다. '그들은 그들이 하던 건축 작업을 마쳤다.' 그래서 그 구절은 세 왕들의 조서에 의해서 수행된 예루살렘의 모든 재건 사역을 일반적으로 지칭하는 것이 된다. 하지만 15절에는 구체적으로 '성전'이라는 말이 언급되어 있다.

이 성전 재건 공사는 학개가 예언을 시작한 지 4년 반이 지난 BC 536년에 착공되었고 BC 515년 아달 월(2~3월)에 완공되었다. 이 때는 성전이 파괴된 BC 536년 8월 12일로부터 70년 반이 되던 때였다.

E. 성전 봉헌과 유월절의 예식(6:16~22)

1. 성전을 봉헌하다(6:16~18)

6:16~18 성전이 완공된 후, 이스라엘 백성들은 성전을 하나님께 봉헌했다. 이때 희생제사를 드렸는데 수소 100마리, 숫양 200마리, 어린양 400마리, 숫염소 12마리를 제사로 드렸다. 이 숫자는 솔로몬이 성전을 완공하고 나서 드린 것(소 22,000마리, 양 120,000마리[왕상 8:63])에 비교하면 극히 적은 양이다. 이것은 포로 이후의 공동체가 상당히 빈곤했다는 것을 말해 준다. 숫염소 열두 마리를 가지고 속죄제를 드렸는데, 이것은 포로 이후의 공동체가 이스라엘 원래의 12지파 가운데서 두 지파밖에 남아 있지 않음에도 불구하고, 12지파로 구성된 통일 이스라엘을 염원하고 있었음을 우리에게 알려준다.

희생제사를 인도하는 지도자들인 제사장들과 레위인들은 모세의 책대로 행했는데, 레위기와 민수기(레 8장; 민 3:5~10; 8:5~14)에 합법적인 제사 제도가 기록되어 있다. 에스라와 느헤미야와 역대상·하의 주요 관심 가운데 하나는, 포로기 이후의 공동체가 성경에 충실하고자 하며 율법에 따라 모든 일을 하려는 신실한 사람들에 의해서 이끌어졌다는 것이다. 이것은 유대인들이 포로 생활을 통해서 하나님의 백성이 하나님과 맺은 계약의 규례를 지키지 않으면 결국 고통을 당할 수밖에 없다는 사실을 체득했음을 우리에게 보여 준다.

2. 유월절 예식을 거행하다(6:19~22)

6:19~21 19절 이하는 다시 히브리어로 기록되어 있다(4:8~6:18은 아람어로 기록되었다). 첫째 달 14일(BC 515년 4월)에 유대인들은 유월절을 지켰다. 성전이 아달 월(6:15)에 재건되었기 때문에 그 다음달에 있는 유월절을 때맞춰 지킬 수 있었다. 유월절은 이스라엘 백성들이 애굽의 압박에서 풀려난 것을 기념하는 축제였는데(참조, 출 12:1~14; 레 23:5), 오랜 유배 생활을 마치고 이제 70년 만에 그 축제를 다시 드릴 수 있게 된 것이다.

이스라엘의 귀환자들은 그들 주변에 거주하는 이방인들의 부정한 예식으로부터 자신들을 지켜서 몸을 정결케 한 모든 사람을 초청해서 그들과 더불어 유월절 식사를 했다. 유대인들과 함께 식사를 한 사람들은 다음과 같은 사람들이다. 유다에 살고 있는 이방인들(참조, 민 9:14)과, 그 땅에 남아서 율법을 어기며 생활함으로써 자신들을 더럽혔다가 이제 자신들의 죄를 회개하고 부정한 것으로부터 자신을 성별시킨 사람들이다.

6:22 무교절은 일주일 동안 진행되는데, 유월절이 끝난 직후인 첫째 달 15일부터 21일까지 지켜졌다(참조, 레 23:6~8). 다리오를 앗시리아의 왕이라고 한 것은(비록 앗시리아 제국이 BC 609년에 멸망했을 지라도) 결코 시대를 착각한 것이 아니다. 왜냐하면 페르시아 제국은 앗시리아가 장악하고 있던 지역을 전부 통치하고 있었기 때문이다. 그리고 이 칭호는 앗시리아의 잔혹한 정책이 이제 끝났다는 의미를 함축하고 있는지도 모른다. 앗시리아는 이스라엘을 포로로 끌고 간 첫 번째 나라였다. 하지만 이제 유대인 자신들이 그 나라에 귀환해서 거주하고 있다.

첫 번째 유월절 이후로 900년이 지나서 거행된 이 8일간의 축제(유월절[6:19]과 7일 동안의 무교절[22절]을 합해서 8일)는 이스라엘이 이제 포로 시대를 마감하고 다시 하나님과의 교제를 회복했다는 것을 상징했다. 하나님과 교제를 맺고 하나님과 맺은 계약의 규례들을 지키면서 살기를 원하는 이스라엘 백성들에게 성전 예배의 회복과 이를 통한 희생제사의 참여는 매우 중요한 의미를 지니고 있다. 그들은 여호와께서 역사 속에서 행동하시는 모습을 처음 보았다. 여호와께서는 이방의 왕들을 통해서 이스라엘 백성을 다시 귀환시키시고 그들을 약속의 땅으로 돌아올 수 있게 하셨다(이것은 하나님께서 이스라엘 백성을 애굽에서 나오게 하시고 가나안 땅으로 들어오게 하신 것과 같다. 그때도 하나님께서는 바로가 이스라엘 백성을 풀어 주도록 역사하셨다). 에스라서의 원래의 독자들은 에스라의 이 기록을 읽고서 즐거워하며 또한 용기를 얻어서 성전 예배에 온전히 참여했을 것이다. 그들의 선조들은 성전에서 예배를 드릴 수 있기까지 참으로 많은 대가를 치루어야만 했다.

Ⅱ. 두 번째 귀환과 에스라에 의한 개혁(7~10장)

7~10장에는 바벨론으로부터의 두 번째 귀환이 기록되어 있다. 이 두 번째 귀환은 에스라가 이끌었고 BC 458년에 이루어졌다(7:7). 이 부분에서 에스라는 간혹 일인칭('나' 또는 '우리') 표현을 사용한다. 에스라는 성경을 잘 아는 제사장이었는데, 그는 이스라엘 백성들이 바벨론을 떠나 현재 희생제사가 베풀어지고 있는 예루살렘으로 돌아가야 한다는 사실을 절실히 느끼고 있었다.

A. 예루살렘으로 귀환하다(7~8장)

7~8장에서는 에스라 한 사람에게 초점을 맞추고 있다. 또한 9~10장에서 있을 포로기 이후의 공동체가 범한 죄의 폭로를 예비하는 내용이다. 에스라는 하나님의 율법에 강하게 사로잡힌 사람으로 묘사되고 있다.

1. 에스라의 등장(7:1~10)

여기에 기록된 사건들은 아닥사스다가 통치하는 동안에 일어났다(아닥사스다에 대해서는 본서 서론에서 언급하고 있다. 4:8~23; 6:14). 그리고 이스라엘의 2차 귀환은 아닥사스다 즉위 7년째인 BC 458년에 이루어졌다.

7:1~5 6장의 마지막에 언급된 사건과 7장의 사건 사이에는 57년이라는 시간적 간격이 있다. 성전은 BC 515년에 이미 완공했는데, 이때는 다리오 왕이 제국을 통치하고 있던 때이다. 다리오는 BC 486년에 죽었고, 그를 이어서 아들 크세르크세스가 20년 동안(BC 485~465년) 다스렸다. 크세르크세스는 에스더에서는 아하수에로 왕으로 언급되는데, 에스더서의 사건이 에스라서에는 6장과 7장 사이에서 일어났다. 크세르크세스의 아들인 아닥사스다는 BC 464년부터 424년까지 제국을 통치했다. BC 515년에서 458년(아닥사스다의 재위 7년째 되던 해. 7:7)까지는 57년의 간격이 있다.

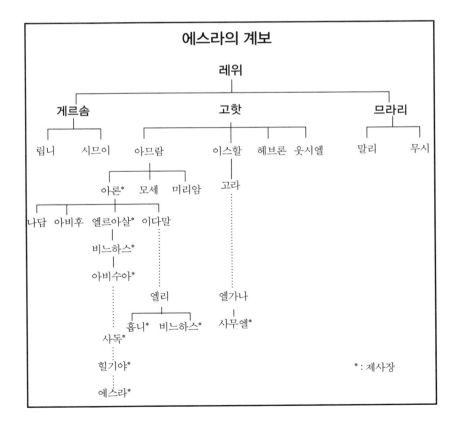

에스라의 계보는 제1대 제사장인 아론에게까지 거슬러 올라간다(참조, '에스라의 계보'). 에스라의 계보는 모든 세대를 다 제시하지 않고 개관적으로만 언급했다. 아사랴와 므라욧(3절) 사이에 역대상 6장 7~10절에서는 여섯 사람의 이름이 계보에 나타나고 있다(참조, 대상 6:7~10 주해). 스라야는 예루살렘이 멸망한 BC 586년(왕하 25:18) 당시에 대제사장이었기 때문에 에스라는 그의 손자가 된다. 에스라는 제사장들처럼 율법을 가르칠 수 있는 권한이 있었다(참조, 레 10:11; 스 7:10).

7:6 여기에서는 에스라를 "모세의 율법에 익숙한 학자"라고 소개한다. '학자'를 뜻하는 히브리어 소페르(סֹפֵר)는 기록자, 서기관, 총무, 작가(참조, 삼하 8:17; 에 3:12; 8:9; 시 45:1) 등의 많은 의미를 갖고 있는 단어이다. 또한 읽고 쓸 줄을 아는 지식이 있는 사람(예, 렘 36:23의 예후디)과 하나님의 율법을 읽고서 그것을 가르칠 수 있는 학식이 있는 사람을 말한다. 에스라는 네 차례 학자로 불린다(7:6, 11~12, 21. 참조, 25절). 그리고 에스라는 느헤미야서에서 여섯 차례 서기관이라고 불린다(느 8:1, 4, 9, 13; 12:26, 36). '익숙하다'는 히브리어 마히르(מָהִיר)를 번역한 것인데, 이 것은 시편 45장 1절의 '서기관의 붓끝과 같다'는 의미로서 사용되고 있다.

에스라는 이스라엘의 계약의 하나님의 축복뿐만 아니라 아닥사스다라는 이방 왕의 축복도 받았다. 에스라 이후에 느헤미야는 왕 앞에서 시중드는 직분을 맡았지만(느 1:11) 에스라는 아무런 공식적인 직책이 없었다. 에스라는 율법에 익숙한 학자였다는 사실만 언급되고 있다. 학자로서의 직분은 에스라가 그의 생애에서 해야 할 가장 중요한 임무였다. 왕의 은혜 덕택에 에스라는 자신이 구하는 것은 무엇이든지 다 받을 수 있다는 약속을 받았다. 에스라는 왕의 은총을 자신의 유익을 위해서 사용하지 않고 하나님과 이스라엘의 백성들을 위해서 사용하고자 했다.

　본문은 하나님의 손길이 에스라와 느헤미야 위에 임한 사실에 대한 에스라서와 느헤미야서의 여덟 번의 언급 가운데 첫 번째 구절이다(7:6, 9, 28; 8:18, 22, 31; 느 2:8, 18).

7:7~10 바벨론에서 예루살렘까지의 여행이나 여행 준비 등에 대해서는 전혀 언급되지 않는다. 7장과 8장에서는 에스라의 여행에 대한 상세한 이야기를 찾아볼 수 없다. 에스라와 함께 돌아온 백성들은 스룹바벨과 함께 귀환한 백성들과 대응한다(2장). 고국으로 귀환하기 위해서는 첫째 달(니산월. 3~4월) 1일부터 압월(7~8월) 1일까지 정확히 4개월이 걸렸다. 하나님의 선한 손의 도우심이 에스라에게 임했다. 그것은 에스라가 여호와의 율법을 연구하고 지키며 그것을 가르치기로 결심했기 때문이다. '결심하다'의 문자적인 의미는 '마음을 굳게 하다'는 것이다(참조, 대하 19:3; 30:19). 이것은 에스라가 마음을 확고히 결정했다는 것을 의미한다. 그는 하나님의 율법을 연구하고, 준행하고, 그것을 다른 사람에게 가르치는 세 가지 일을 하겠다고 결심했다. 이 세 가지는 성공적인 목회에 있어서 반드시 있어야 할 요소들이다.

2. 에스라의 귀환을 재촉한 당시의 상황(7:11~28)

7:11~12 아닥사스다는 에스라에게 편지를 써서("아닥사스다 왕이 내린 조서의 초본은 아래와 같으니라"[11절]. 참조, 4:11, 23; 5:6) 에스라와 이스라엘 백성들이 귀환을 해도 좋다고 했다(참조, 7:6 주해, 에스라의 학자 직분에 관하여). 그러나 이러한 조서가 선포될 아무런 이유가 없었다.

다만 아닥사스다가 에스라에게 이러한 공식 문서를 보낸 것은 에스라가 이스라엘 백성들의 귀환을 청원하고 자신의 청원이 받아들여진 것을 증명할 수 있는 공식적인 조서를 요구했기 때문인 것으로 추정된다. 이 조서는 에스라 한 개인에게 보내졌다.

7:13~26 아닥사스다는 이스라엘 백성들의 귀환 여행과 이스라엘에서 거주에 필요한 자유를 주었다. 아닥사스다는 이스라엘 백성들이 예루살렘으로 가도 좋다고 허락했다(13절). 왕은 이스라엘 백성들에게 금과 은을 주어서 가져가도록 하고, 바벨론에서 그들이 필요한 것들을 더 많이 가져가도록 했다(15~16절, 20절). 아닥사스다는 그들이 예루살렘 성전의 제단에서 희생제사를 드릴 수 있을 것이라고 말했다(17절). 그리고 이스라엘 백성들은 자신들이 모든 일을 스스로 결정할 수 있는 자유를 부여받았다(18절). 그들은 성전 예배 때 필요한 모든 물건들을 가져가도 좋다는 허락을 받았다(19~20절. 스룹바벨이 이 모든 것을 다 가지고 귀환했을리는 없다. 참조, 1:7~11). 그들은 성전을 짓는 데 긴히 필요한 최소한의 물품들을 가져갔다(21~22절). 밀과 기름과 소금은 소제를 드리는 데 사용되었다(참조, 6:9; 레 2:1~2, 7, 13). 그리고 포도주는 전제에 사용되었다(참조, 6:9; 레 12:13). 그들이 가지고 갈 수 있는 물건의 총합은 은 100달란트(3과 3/4톤), 밀 100고르(600부셀[16,330킬로그램]), 포도주 100밧(600 갤론[2270리터]), 올리브유 100밧까지, 그리고 소금은 원하는 대로 가져가도록 했다. 제사장들과 레위인들은 세금을 내지 않았다(24절).

이러한 특권을 제공한 대가로 아닥사스다 왕은 에스라의 예루살렘 귀환을 통해 몇 가지 유익을 얻고자 했다. 그는 이스라엘 백성들이 자신에 대항해서 반란을 일으킨다거나 그에게 대해서 좋지 않은 감정을 갖는 것을 원하지 않았다(23절). 그리고 그의 제국에 속해 있는 이스라엘이 질서를 갖추기를 원했다(25~26절). 에스라는 이스라엘 지역에 사는 모든 사람, 다시 말하면 하나님의 율법을 아는 유대 백성들에게 공의를 가르쳐야 할 책임이 있었다. 그리고 명령을 준행하지 않는 자에게 벌을 가하는 사법제도 또한 가르쳐야 했다(26절).

7:27~28 에스라가 왕의 조서에 보인 반응을 통해서 그가 어떤 사람인지를 알 수 있다. 에스라는 하나님께서 하시는 일에 대해 하나님을 찬양했다. 여호와를 "우리 조상들의 하나님"이라고 부르면서, 에스라는 자신을 올바른 예배를 드려 온 경건한 사람들의 계보에 연결시키고 있다. 그는 또한 하나님께서 아닥사스다 왕의 마음을 주관하신다("왕의 마음에…두시고"[27절])고 믿었다. 에스라는 하나님께서 이 모든 일을 순조롭게 진행되게 하신 것은 다름이 아니라 예루살렘에 있는 여호와의 성전을 아름답게 하시기 위해서라고 말한다. 아닥사스다가 이스라엘 백성들과 에스라의 귀환을 허락하고 다른 배려들을 보인 것은 에스라의 영광이 아니라 하나님의 영광을 위한 것이었다.

에스라는 또한 하나님의 은혜가 아닥사스다 왕의 모든 보좌관과 방백들 앞에서 자신에게 나타났다고 말한다. 28절의 "은혜"는 헤세드(חֶסֶד)를 번역한 것이다. 헤세드는 하나님께서 그의 백성들에게 보여 주시는 계약의 사랑이다(헤세드는 3장 11절과 시편 136편, 그리고 다른 곳에서도 사랑으로 번역되어 있다). 헤세드는 단순한 사랑 이상의 것이다. 헤세드는 계약의 사랑으로서 약속에 대한 충성에서 비롯되는 사랑이다. 에스라는 하나님께서 그를 통해서 역사하시는 것을 분명히 보았기 때문에("내 하나님 여호와의 손이 내 위에 있으므로"[28절]. 참조, 7:6, 9; 8:18, 22, 31) 믿음 가운데 예루살렘을 향한 위험한 여행에 참여할 사람들을 모으는 일을 시작했다. 이 일은 상당히 어려웠을 것으로 보인다. 그는 많은 사람을 만나서 설득해야만 했을 것이다. 하지만 에스라는 함께할 지도자들을 확정하는 데 성공했다.

3. 귀환자들의 명단(8:1~14)

8:1~14 이 명단은 많은 사람과 함께 돌아온 이스라엘의 주요 인물들(족장들)의 이름을 기록하고 있다. 이 명단에 기록된 대부분의 사람들은 79년 전에(2장) 스룹바벨의 인도에 따라서 (BC 537년) 귀환한 가족들과 관계가 있다. 8장 3절하~14절에 나오는 가족들의 이름은 2장 3~15절에 언급되어 있다. 게르솜은 아론의 셋째 아들인 엘르아살(출 6:25)의 아들 비느하스이 후손이다. 다니엘은 아론의 넷째 아들인 이다말의 후손이다. 귀환한 사람들은 모두 1,514명이었는데, 이 가운데 18명은 가족의 우두머리들이다. 후에 소집된 258명의 레위인과의 합계(8:15~20) 총수는 1,772명에 달한다. 부인과 아이들까지 그 수를 합하면 4천 명과 5천 명 사이의 어느 수치이다. 두 번째로 귀환한 사람들은 첫 번째 귀환 때의 5만여 명과는 비교도 되지 않을 만큼 소수였다(2:64~65).

4. 여행의 상세한 설명과 도착(8:15~36)

a. 레위인들이 여행을 하기로 하다(8:15~20)

8:15 레위인들은 율법을 가르치는 교사의 역할을 했다(레 10:11; 신 33:10). 그래서 그들은 재건된 공동체에서 대단히 중요한 역할을 맡고 있었다. 그들의 중요성은 아무리 강조해도 지나치지 않을 정도였다. 포로생활을 하던 백성들은 귀환 후 그들이 당면한 어려운 상황 가운데서 신앙을 지키고 하나님께 바른 예배를 드리며 계약의 규례들을 지키기 위해 율법의 중요성을 이해하는 것이 절대적으로 필요했다. 그래서 레위인들의 임무가 막중했다. 레위인들은 포로생활을 하는 이스라엘 백성들에게 성전 예배를 훈련시키는 사역을 감당해야 했기 때문에 그들은 포로지에서 많은 고생을 하고 있었다. 에스라와 그의 무리들이 아하와 강(이곳이 어디에 위치하고 있는지는 알 수 없다. 참조, 8:21, 31)으로 흘러 들어가는 운하에서 예루살렘으로 떠나기 위해서 준비하고 있을 때 백성들 가운데 레위인들이 하나도 없었는데, 이것은 그들이 율법을 가르치는 일에 관여했기 때문인 것으로 보인다. 이 운하는 유브라데 강 유역에 위치하고 있었던 것으로 보인다. 스룹바벨 때에도 모두 49,897명이 귀환했는데(2:64~65), 그 가운데 레위인은 불과 1.5퍼센트도 못되는 733명만이 귀환했다(2:40~58).

8:16~17 그래서 에스라는 족장들과 명철한 사람들을 불러서 가시뱌 지방의 족장 잇도에게 보내 레위인 몇과 성전 수종자들을 데리고 오도록 했다. 에스라는 그들을 보내면서 잇도에게 할 말을 전하도록 했다. 이것은 그들이 맡은 일이 상당히 미묘한 일이었다는 것을 우리에게 알려주는데, 에스라에게 권위가 없었으면 성취될 수 없는 일이었다. 11명의 사자가 가시뱌로 떠났는데, 가시뱌의 위치는 아직까지 확인되지 않았다.

8:18~20 에스라의 명을 받고 가시뱌에 간 사람들은 220명의 성전 수종자들과 더불어 두 가문의 레위인 38명, 즉 세레뱌 가문에 속한 레위인 18명, 여사야의 친지들 20명을 에스라에게 데려왔다. 이러한 준비가 갖추어지고 나서야 에스라는 예루살렘으로 길을 떠났다. 율법을 가르칠 레위인과 성전에서 수종드는 사람이 없었다면 모든 것이 허사로 돌아갔을 것이며, 에스라의 예루살렘 여행은 아무런 의미가 없었을 것이다.

b. 여행을 위한 준비(8:21~30)

8:21~23 첫째, 여행을 위해서 영적인 준비를 했다. 에스라는 하나님의 백성들과 관계된 문제에 관심이 있었다. 그래서 에스라는 여행을 준비하면서 금식을 선포했다. 그는 거기에 모인 사람들이 하나님 앞에서 자신들을 낮추고 그들과 그들의 자녀가 안전하게 여행하고 그들이 지닌 소유를 보존할 수 있게 해달라고 하나님께 간구하기를 원했다. '하나님 앞에서 겸비한다'는 것은 영적인 의존을 의미하는데, 하나님께서 모든 것을 섭리하신다는 사실을 믿는 것을 가리킨다. 에스라는 이스라엘 백성들이 귀환할 때 자신들의 안위를 돌봐 줄 군대를 요청하지 않았다. 하나님께서 그들을 돌보실 것임을 이미 공식적으로 선포했기 때문이다. 에스라와는 반대로, 느헤미야는 이스라엘로 귀환할 때 군대의 호위를 받았다(느 2:9).

8:24~27 영적 준비를 한 다음에 그들은 육체적인 준비를 했다. 에스라는 귀환하는 사람들 가운데서 24명의 주요 인물들에게 금과 은 그리고 기타의 물건들을 분배했다. 이 물건들은 성전 건축에 필요한 것들로, 페르시아 관리들과 귀환하지 않는 이스라엘 사람들이 준 것이었다. 그것은

은 25톤, 은제품 3과 3/4톤, 금 3과 3/4톤, 8.6킬로그램이 나가는 금쟁반 20개, 그리고 값진 놋그릇 두 개였다. 이것들은 오늘날의 화폐로 계산하면 수십억 원에 상당한다. 이런 점들을 살펴보면 에스라가 하나님께 백성들의 안전을 기도한 사실을 이해하게 된다(21절).

8:28~30 에스라는 귀환하는 백성들의 무리 가운데서 지도자들을 선택해서 그들이 금과 은 등을 예루살렘까지 무사히 운반하는 책임을 맡겼다. 에스라는 그들에게 임무를 주면서 성전을 짓기 위한 그 물건들은 모두 하나님께 성별된 것이며 은과 금은 하나님의 백성들이 준 것임을 주지시켰다. 에스라는 예루살렘에 도착하면 그 물건들의 무게를 다시 달아 보겠다고 말하면서, 예루살렘에 도착할 때까지 그것들을 잘 보관하도록 지시했다. 제사장들과 레위인들은 금과 은 그리고 성전의 기물들을 예루살렘으로 옮기는 책임을 기꺼이 수락했다.

c. 백성들이 여행을 해서 예루살렘에 도착하다(8:31~36)

8:31~34 그들이 여행한 과정과 예루살렘에 도착한 것 등에 대해서는 짧게 언급되어 있다. 에스라와 함께 귀환하는 사람들은 1월 1일에 바벨론을 출발해서(7:9) 1월 12일에는 아하와 강을 떠났다. 그들이 아하와 강의 운하에 3일 동안 머물렀기 때문에(8:15) 바벨론에서 아하와 강까지는 9일이 걸린 셈이다. 그래서 이것을 거리로 환산하면 약 160~210킬로미터 정도 된다.

그들이 여행한 총 거리는 약 1,448킬로미터인데, 전혀 군사적인 지원을 받지 않았기 때문에 그들이 여행을 하는 동안 여러 가지 어려움이 많앉을 것으로 보인다. 하지만 에스라는 '하나님께서 우리에게 도움을 베푸셨고'(참조, 7:6, 9, 28; 8:18, 22), 귀환하는 사람들을 보호하셨다고 말할 뿐이다. 예루살렘에 도착하고 나서 3일 동안 휴식을 취한 후, 레위인들과 제사장들은 산적해 있는 일들을 처리하기 시작했다(33~34절). 이들 성전 관리들 가운데 몇 사람의 이름은 느헤미야서에 언급된다. 므레못(느 3:4, 21), 요사밧(느 11:16), 빈누이(느 3:24) 등이다.

8:35~36 그런 다음 귀환자들은 하나님께 제사를 드렸다. 네 가지 종류의 짐승들(수송아지 열둘[이 수는 이스라엘의 열두 지파를 의미하는 것으로 보인다], 숫양, 어린 양, 숫염소)은 성전 봉헌식 때 드린 것과 같은 것들이다(6:17). 하지만 성전 봉헌 때보다 이때에 드린 짐승들의 수가 더 적다. 에스라는 왕의 조서 사본들을 인근 지역의 관리들(왕의 총독들과 강 서편의 총독들)에게 전달했는데, 왕의 조서로 인해서 그들은 이스라엘을 지원하게 되었다. 이 부분은 매우 흥미롭게 막을 내린다. 이것은 하나님의 선한 손의 도우심이 이스라엘 위에 명백히 나타나셔서 주변의 백성들까지도 희생제사에 동참했는데, 이 희생제사는 하나님과 교제를 나눈다는 의미를 갖고 있다.

B. 예루살렘에서의 종교개혁(9~10장)

앞부분의 마지막(8:36)에서 언급한 것처럼 하나님께서는 이스라엘 백성들을 놀라울 정도로 축복하셨다(8장 마지막 부분에서 하나님의 축복은 절정에 이르렀다). 이와는 반대로 9장과 10장은 포로기 이후의 공동체가 범한 심각한 죄로 시작하고 있다. 백성들이 본국에 귀환한 이유는 그들의 선조들이 율법에 따라서 하나님을 섬겼던 것처럼 그들도 하나님을 섬기고 예배하기 위해서였다. 하지만 백성들은 예루살렘에 돌아왔음에도 불구하고 여태껏 모세에 의해서 기록된 하나님의 말씀을 지키지 못하고 방황했다.

1. 백성들이 통혼을 한 죄가 알려지다(9:1∼4)

9:1∼2 에스라의 귀환은 이스라엘 백성들에게 중대한 영향을 미쳤다. 율법을 정확히 가르치는 데 헌신한 에스라는 귀환한 사람들을 대상으로 종교개혁을 단행했다. 에스라의 종교개혁은 그가 예루살렘에 도착한지 5개월도 채 못 되어서 일어났다(참조, 7:9; 10:9). 에스라를 찾아온 백성들의 지도자들은 스룹바벨의 인도로 에스라 이전에 예루살렘에 온 사람들인데, 그들은 백성들을 지도하고 있었기에 백성들 사이에서 일어나고 있는 문제들을 잘 관찰할 수 있었다. 그들은 에스라의 귀환을 통해 무뎌진 양심이 되살아나서 자신들이 하나님의 율법을 어기고 있음을 절감하게 되었다. 그들은 이스라엘 백성들이 하나님과 계속 교제하기 위해서는 현재 일어나고 있는 종교적인 상황을 개혁할 조치를 취해야 한다고 생각했다. 이스라엘 백성들은 외관상 보기에 하나님께 제사는 잘 드리고 있었다. 여기에는 문제가 없었다. 하지만 외적인 제사는 하나님의 말씀에 복종하는 내적인 순종을 수반해야 한다(호 6:6; 미 6:6∼8).

이스라엘 백성들 가운데 일부가 주변의 이방인과 가증한 관계를 맺었는데(참조, 9:11, 14), 에스라를 찾아온 유대 지도자들은 그들이 이방인과 통혼했다는 사실을 에스라에게 고했다. 하나님께서 금지하신 중요한 것들 가운데 하나가 바로 이방인과의 통혼이다(출 34:11~16; 신 7:1~4). 이것은 종족이 달라서가 아니다. 당시 이스라엘의 주변국가들은 이스라엘과 마찬가지로 셈 족이다. 그럼에도 하나님께서 통혼을 금하신 것은 순전히 종교적인 이유에서다. 만약 이스라엘 백성들이 이방사람들과 통혼을 하게 되면, 솔로몬이 그랬던 것처럼(왕상 11:3~5) 그 이방인들로부터 유혹을 받아서 이방의 우상적인 예배를 탐닉할 수도 있었기 때문이다. 여호와를 섬기지 않는 이방인들과 통혼하는 것은 이스라엘 백성들이 이 금령 이외에 다른 하나님의 율법들도 어길 수 있다는 징조였다. 만약 이스라엘 사람들이 인간관계의 가장 밀접한 이 문제에 있어서 하나님의 명령을 깨뜨린다면, 이보다 덜 밀접한 인간관계에서도 하나님의 율법을 깨뜨릴 수 있을 것이다. 에스라 9장 1절에 언급된 민족들은 암몬과 모압, 애굽과 더불어 하나님께서 수세기 전에 경고하신 백성들이다(신 7:1). 하지만 불행하게도 종교 지도자들과 시민들의 지도자들 가운데 일부가 하나님께서 금하신 통혼이라는 악행을 앞장서서 저질렀다.

9:3~4 에스라의 대답은 구약성서에 나오는 경건한 사람들이 범죄에 대해서 했던 바로 그 전형적인 반응이었다. 에스라가 속옷과 겉옷을 찢는 것은 애통함의 표시이다(참조, 민 14:6; 수 7:6; 스 4:1; 욥 1:20). 그리고 머리털과 수염을 뜯는 것은 극도로 진노했을 때(사 22:12) 아니면 극심한 비통함 가운데 처했을 때 하는 행동이다. 에스라는 백성들이 범한 죄를 듣고 너무나 기가 막혔다(3절. 참조, 4절). 에스라는 이스라엘 백성들이 이방인들과 통혼을 하고, 그들이 섬기는 신을 섬기며 하나님의 율법을 지키지 않음으로써 결국 이방의 포로가 되었던 것을 잘 알고 있었다(참조,

9:7). 그는 이스라엘 백성들이 그러한 범죄를 행함으로써 다시 포로로 잡혀가게 되지 않을까 두려워했다(참조, 9:8).

2. 에스라가 하나님께 기도하다(9:5~15)

이어서 에스라가 하나님께 드리는 기도를 통해서 에스라에 대한 더 자세한 사실들이 드러난다. 그는 자신이 비록 무죄함에도 불구하고 백성들의 죄를 자신의 죄로 고백했다(참조, 단 9:5~6, 8~11, 13, 15~16). 에스라는 이스라엘 백성은 하나님과 맺은 계약 아래 있는 하나의 공동체이며, 만약 누가 자신들에게 주어진 계약의 의무를 파기했을 때, 특히 백성들의 지도자가 그랬을 경우 이스라엘 전체가 하나님 앞에서 난관에 처할 위험이 있음을 잘 알고 있었다.

9:5 저녁 제사는 오후 세 시경에 드린다. 에스라는 무릎을 꿇고 하나님을 향하여 손을 들고 기도를 드렸는데, 이 자세는 그가 하나님의 자비하심에 온전히 자신을 맡긴 것을 의미한다. 에스라는 이스라엘이 하나님께 범죄했음을 알았으며(6~7절. 참조, 9:13, 15), 그래서 하나님께 간구하는 자세를 취했다. 에스라는 하나님께 백성들의 행위에 대해서 변명하지 않았다. 에스라는 성전에서 울면서 기도를 드렸다(10:1)

9:6~7 에스라는 이스라엘 백성들이 계속해서 통혼의 죄를 범하고 있음을 하나님께 고백했다. 에스라는 통혼의 죄에 대해서 몸서리치는 느낌을 받아서 그러한 반응을 보였고, 그래서 "부끄럽고 낯이 뜨거워서"(6절)라는 표현을 사용하고 있다. 에스라는 이스라엘 백성들이 현재 범하고 있는 것

과 같은 통혼의 죄로 인해서 사르곤 2세나 느부갓네살에 의해서 포로로 끌려가게 된 사실을 알고 있었다. 하나님께서 이스라엘 백성들을 포로가 되게 하신 것은 바로 그들을 정화시키시기 위해서였으며, 그들과 하나님 사이의 관계를 다시 맺으시려는 시도였다. 하지만 포로 생활을 통해서도 이스라엘 백성들은 하나님께서 원하시는 단계에 들어서지 못했다. 그들이 귀환해서도 통혼의 죄를 범했다는 사실에서 알 수 있다. 그들은 계약의 의무를 충실히 수행하지 못했다. 에스라는 이스라엘 백성들의 죄악이 마치 홍수처럼 넘쳐서 그들의 정수리를 넘어선다고 말한다.

9:8~9 에스라는 자신들이 귀환할 수 있었던 것은 바로 하나님의 은혜였다고 백성들에게 선포했다. 그는 하나님의 은혜를 백성들에게 알리면서, 페르시아의 왕들이 이스라엘 백성들에게 약속의 땅에서 성전을 재건하게끔 해서 그들의 귀환을 허락하신 분이 바로 하나님이심을 알렸다. 하지만 자유를 얻었던 그들은 다시 죄의 굴레 속에 갇히게 되었다.

9:10~12 그런 다음 에스라는 백성들이 통혼의 죄를 범했음을 고백했다. 에스라는 "이제 무슨 말씀을 하오리이까"(10절)라고 묻는다. 이 질문을 통해서 그는 이스라엘 백성들이 하나님 앞에서 변명의 여지가 없다는 것을 말하고 있다(참조, 9:6). 백성들의 지도자가 왜 그러한 범죄를 했는가에 대해서도 아무런 설명이 없다. 그들은 자신들을 하나님 앞에서 순결토록 해주시는 하나님의 계명들을 깨뜨렸다. 이 계명은 이스라엘 백성들을 이방의 더럽고 가증한 일로부터 구별시켜 주는 것이었다(참조, 9:1, 14). 그들은 하나님의 명확한 말씀을 정면으로 어겼다. 이방인과의 결혼은 이스라엘을 오염시키고 이방인의 후손을 양성하고 이스라엘의 영성을 약화

시키며 땅의 수확까지도 감소되는 결과를 야기시킨다.

9:13~14 에스라는 하나님께서는 이스라엘의 범죄를 보시고 진노하셔서 이스라엘을 진멸시키시고 아무도 남겨 두지 않는 것이 전적으로 옳다는 결론을 내렸다(참조, '남은 자'는 9장 8, 13, 15절에 언급된다). 그들은 하나님께서 어떤 벌을 내리더라도 달게 받아야 했다(참조, 9:6). 백성들이 하나님의 말씀에 따르지 않으면 그들은 자신들의 범죄에 대한 하나님의 진노 아래 놓이게 된다(참조, '죄악'은 9장 6~7, 13, 15절에 언급된다. 참조, 요 16:8; 약 2:10).

9:15 에스라는 하나님께 기도하면서 어떤 특별한 간구는 하지 않았다. 그는 하나님의 자비하심에 온전히 자기 자신을 내어 맡겼다. 이러한 이유로 그는 처음에 기도를 시작했던 것과 같은 방식으로 자신의 기도를 마치고 있다. 에스라는 이스라엘 백성들 가운데서 누구도 의로우신 하나님 앞에 설 만한 자격을 갖추지 못했다고 선포했다. 에스라의 기도 속에서 그가 하나님의 성품에 대해서 확언하고 있음을 볼 수 있다. 은혜(9:8), 불쌍히 여김(9:9), 진노(9:14), 의(15절)가 바로 하나님의 성품이다. 에스라는 하나님께서 이스라엘에 보여 주신 신실하신 사랑에 근거해서 하나님께서 자비를 내리실 것을 간구했다.

3. 백성들이 자신의 죄를 고백하다(10장)

앞에서도 이미 언급한 것처럼, 지도자들은 이스라엘 백성들에게 어떤 문제가 있음을 알고 있었다(9:1~2). 이제부터는 에스라와 함께 비통해하면서 에스라의 사역에 동참하고 같은 방향으로 나아가고자 했다.

a. 백성들이 자신들의 죄를 깨우치다(10:1~4)

10:1~4 많은 사람이 당시의 상황을 변혁시킬 어떤 조치가 마련되어야 한다고 주장했다. 분명히 백성들의 죄는 진행 중이면서도 다소간 수그러들고 있었을 것이다. 통혼한 사람들 사이에서 자녀가 태어났다(10:3, 44). 몇몇 경건한 유대인들이 공동체가 지은 죄로 애통해했다. 아마도 그들은 백성들의 죄를 드러내 놓고 말하지도 못하고 그것을 저지하고자 많은 노력을 기울였을 것임에 틀림없다. 이제 이스라엘 백성의 지도자들은 에스라와 더불어서 백성들의 죄를 눈물로 고백하며 특정 조치를 내려 줄 것을 요구했다. 큰 무리가 모여서 에스라와 함께 슬피 울었다.

모인 사람들 가운데 스가냐라는 사람이 있었는데 이 사람이 울고 있는 모든 백성들에게 발언했다. 그는 이스라엘 백성들이 하나님께 신실하지 못했음을 고백하지만, 이스라엘은 아직도 희망을 갖고 있다고도 말했다. 그는 백성들이 그들이 결혼한 이방 여인들과 이혼하고, 그 사이에서 낳은 자녀와 함께 다 내어 보내기로 하나님 앞에서 언약을 맺자고 제안했다. 이것은 율법에 의거하여 준행했다. 스가냐는 에스라에게 백성들은 에스라의 결정에 따를 것이라고 약속했다. 스가냐의 제안은 가족, 친구들과 마음 아픈 이별을 해야 하는 일이었기에, 당시 이스라엘 백성들이 행하기에 매우 어렵고 힘든 일이었다. 하지만 그는 백성들의 삶의 법칙인 하나님의 율법에 근거해서 그러한 제안을 했다. 이방 여인이기는 하지만 신앙적으로 유대인이 된 경우에 이스라엘 백성이 그들과 결혼할 수 있었는데, 이러한 경우에 율법은 그들의 보호막이 되기도 했다. 그래서 이러한 특수한 상황을 구별하기 위해서 철저한 조사를 실시했다(10:16~19). 어느 여인이 유대교로 개종했는지 알기 위해서 조사를 실시한 것이다.

이혼이 당시 통용된 규범은 아니라고 할지라도, 당시 상황에서 봤을 때 이스라엘 백성들이 이방인들과 계속해서 통혼을 하다 보면 결국 여호와에 대한 진정한 예배를 상실할 수도 있었기 때문에 이혼 조치가 필요했다. 통혼의 문제는 이스라엘을 파멸로 몰아넣을 수도 있는 것이었다. 이와는 달리 몇몇 성경 연구자들은 이혼을 하도록 하는 이러한 계획을 하나님께서 바라지 않으셨다고 말한다(참조, 말 2:16). 두 개의 그릇된 것 (통혼과 이혼)을 통해서 하나의 바른 것을 만들어낼 수 있는가? 아마도 에스라는 이혼을 허락하자는 스가냐의 충고를 잘못 따른 것으로 보인다. 하지만 이 계획에 대한 구체적인 사항들이 에스라서 10장에는 언급되지 않는다.

b. 백성들이 맹세하다(10:5~8)

10:5~8 백성들이 그들의 죄를 고백하고 회개하는 데 진지했다는 것은, 그들이 하나님 앞에서 맹세를 한 사실에서 드러난다. 맹세를 하는 것은 결코 가벼운 일이 아니다. 맹세를 하는 사람은 자신이 약속한 것을 준행하는 책임에 구속되기 때문이다. 만약 그가 그렇게 하지 않는다면 그는 처벌을 받을 것이다.

에스라는 여호하난의 방으로 들어가서 거기서 혼자 금식을 하며 애통해했다. 여호하난은 요하난과 동일인이다(느 12:23). 그는 엘리아십의 손자인데(느 12:10~11) 엘리아십은 대제사장이었다(느 13:28). 여기서 엘리아십의 아들(10:6)은 엘리아십의 손자를 가리킨다(히브리어에서 아들은 손자 또는 후손을 의미하기도 한다). 모든 귀환자들 중 예루살렘으로 모이지 않는 사람은 누구든지 재산을 몰수당하고 귀환자들의 모임에서 축출될 것이라는 엄명이 내려졌다. 사실상 그런 사람은 아무런 법적 권리를 가질 수가 없었다. 에스라는 권위를 가지고 그러한 공포를 했는데, 그는 당시 아닥사스다 왕이 위임한 권위를 갖고 있었기 때문에 이스라엘 백성들에게 강력한 명령을 할 수 있었다(참조, 7:26).

c. 백성들이 성전에 모이다(10:9~15)

10:9~11 성전 동편에 있는 광장은 수천 명의 사람을 수용할 수 있었다. 에스라서에서 성전은 항상 모든 사건이 벌어지는 중심지였다. 정한 날(에스라의 지시가 공포된 지 사흘 후, BC 457년 11~12월)에 백성들이 모여들자 폭풍우가 내렸다. 그때는 우기였다(10:13). 하지만 서약(10:5)과 벌에 대한 경고 때문에 모임은 예정대로 진행되었다. 백성들은 하나님의 진노와 그들의 가족과 이별해야 하는 문제 사이에서 심각하게 고민하고 있었다. 에스라는 백성들에게 말씀을 전하면서 그들의 불충성한 죄를 낱낱이 고하고, 그들이 범죄한 사실을 말하면서 자신들의 죄를 자각하고 이방인 아내들과 헤어지라고 권고했다.

10:12~15 백성들은 에스라의 말에 따르겠다고 대답했다. 하지만 거기에 관련된 사람이 많고 또 비가 내려서 그것을 당장 시행할 수는 없기에 약간의 시간을 두고 행하기로 했다(그 일을 처리하는 데는 3개월 가량 걸렸다. 10:16~17). 어떤 사람은 이방 여인과 결혼한 사람은 자신의 고향 장로, 재판장과 약속을 해서 그 문제를 각자가 거주하는 지역에서 처리하자

고 제안했다. 이것은 상당히 좋은 제안으로 여겨졌다. 각 지역의 장로와 재판장은 누가 그 일에 관련됐는지, 이방인 부인들 가운데 누가 하나님을 섬기고 누가 아직도 이방 신들을 섬기는지 알고 있었을 것이기 때문이다. 하지만 네 사람의 지도자들이 이 계획에 반대했다. 그들이 왜 반대했는지 그 이유는 언급하고 있지 않다. 아마 그들은 그 문제를 즉각 처리하고 싶었는지도 모른다. 아니면 전혀 그 일에 관심이 없었는지도 모른다. 하지만 그들 네 사람 가운데 므술람은 분명히 이방 여인과 통혼한 사람으로서 범죄한 자이다(10:29).

d. 이방인과 결혼한 사람을 조사하다(10:16~17)

10:16~17 이방 여인과 결혼한 사람들을 조사하는 데 준비한 기간은 정확히 11일이 걸렸다(참조, 10:9, 16). 그리고 이방인과 결혼한 사람들을 조사하는 데는 10월(BC 457년 12~1월) 첫날에서 그 다음해 1월(BC 456년 3~4월) 첫날까지 3개월이 걸렸다. 분명히 그 문제가 널리 확산되어서 한 날 다 처리할 수는 없었다(10:13). 모든 사항은 개별적으로 처리해서 정의가 이뤄지도록 했다. 이러한 행동을 통해 이혼이 좋다고 말하지는 않았다. 그것은 당시 이스라엘에 있어서 종교적인 정화의 필요성에 의해 하나님의 율법을 준행하는 것과 관련한 문제였다(출 34:11~16; 신 7:1~4). 에스라는 이 이방 여인들과 아이들에게 어떠한 일들이 일어났는지에 대해서는 기록하지 않았다. 아마도 그들은 자신들의 이방 나라로 돌아간 것으로 보인다.

e. 이방인과 결혼한 사람들의 명단(10:18~44)

10:18~44 에스라는 그의 기록을 마치면서 마지막 부분에 이방인과 결혼한 사람들의 명단을 제시하고 있다. 이 죄를 범한 사람은 제사장이 17명(18~22절), 노래하는 사람 1명과 문지기 3명을 포함한 레위인 10명(23~24절), 또한 이스라엘 주변 민족들 중에서 귀화한 사람들 84명이었다(25~43절). 백성의 지도자들이 말한 것처럼(9:1), 제사장들과 레위인들조차도 범죄했다. 범죄한 네 제사장들은 레위기 5장 14~15절에 명시되어 있는 것처럼 속죄제를 드리면서 제물로 각각 양 한 마리씩을 바쳤다. 25~43절에 기록된 각 가문의 이름은 2장 3~20절에 나오는 명단과 거의 일치한다. 이방인과 결혼한 사람들 가운데는 이미 자녀를 가진 사람들도 있었다(44절). 이러한 일들은 이스라엘 백성들이 하나님의 계약으로부터 멀어졌다는 사실을 의미한다. 불행하게도 이스라엘 백성들은 한 세대가 채 지나기 전에 동일한 범죄를 다시 저질렀다(느 13:23~28).

에스라의 기록은 여기서 갑작스럽게 끝난다. 하지만 에스라서가 전달하고자 하는 메시지는 분명하다. 백성들이 하나님과의 교제를 회복하기 위해서는 그들이 바른 성전 예배를 드리며(스 1~6장) 하나님의 말씀에 따라서 사는 것이 절대적으로 요구된다(7~10장). 이것이 에스라서의 메시지이다.

참고문헌

• Ackroyd, Peter R. *I and II Chronicles, Ezra and Nehemiah.* London: SCM Press, 1973.

• Batten, Loring. *The Books of Ezra and Nehemiah.* The International Critical Commentary. Edinburgh: T. & T. Clark, 1913.

• Coggins, R.J. *The Books of Ezra and Nehemiah.* The Cambridge Bible Commentary on the New English Bible. Cambridge: University Press, 1976.

• Fensham, F. Charles. *The Books of Ezra and Nehemiah.* The New International Commentary on the Old Testament. Grand Rapids: Wm. B. Eerdmans Publishing Co., 1982.

• Ironside, H.A. *Notes on Ezra, Nehemiah and Esther.* Neptune, N.J.: Loizeaux Brothers, 1972.

• Keil, C.F. "Ezra." *In Commentary on the Old Testament in Ten*

Volumes. Vol. 3. Reprint (25 vols. in 10). Grand Rapids: Wm. B. Eerdmans Publishing Co., 1982.

- Kider, Derek. *Ezra and Nehemiah*. The Tyndale Old Testament Commentaries. Downers Grove, Ill.: InterVarsity Press, 1979.

- Laney, J. Carl. *Ezra and Nehemiah*. Everyman's Bible Commentary. Chicago: Moody Press, 1982.

- Myers, Jacob M. *Ezra and Nehemiah*. The Anchor Bible. Garden City, N.Y.: Doubleday & Co., 1965.

- Ryle, H.E. *The Books of Ezra and Nehemiah*. Cambridge: University Press, 1917.

- Slotki, Judah J. *Daniel, Ezra, Nehemiah*. London: Soncino Press, 1951.

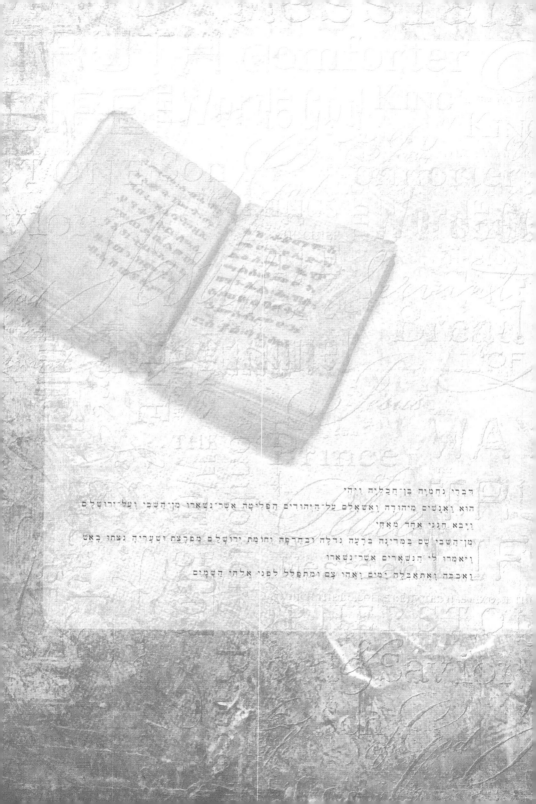

דִּבְרֵי נְחֶמְיָה בֶּן־חֲכַלְיָה וַיְהִי

הוּא וַאֲנָשִׁים מִיהוּדָה וָאֶשְׁאָלֵם עַל־הַיְּהוּדִים הַפְּלֵיטָה אֲשֶׁר־נִשְׁאֲרוּ מִן־הַשֶּׁבִי וְעַל־יְרוּשָׁלָ͏ִם

וַיָּבֹא חֲנָנִי אֶחָד מֵאַחַי

מִן־הַשֶּׁבִי שָׁם בַּמְּדִינָה בְּרָעָה גְדֹלָה וּבְחֶרְפָּה וְחוֹמַת יְרוּשָׁלַ͏ִם מְפֹרָצֶת וּשְׁעָרֶיהָ נִצְּתוּ בָאֵשׁ

וַיֹּאמְרוּ לִי הַנִּשְׁאָרִים אֲשֶׁר־נִשְׁאֲרוּ

וָאֵכְבֶּה וָאֶתְאַבְּלָה יָמִים וָאֱהִי צָם וּמִתְפַּלֵּל לִפְנֵי אֱלֹהֵי הַשָּׁמָיִם

The Bible Knowledge
Commentary 8

Nehemiah
서론

The Bible Knowledge
Commentary

서론

역사적인 배경

하나님께서는 이스라엘 백성이 하나님을 따르고 말씀을 순종하기만 하면 그들을 한없이 축복해 주겠다고 약속하셨다. 하지만 이스라엘 백성이 하나님의 말씀에 순종하지 않을 때는 그들을 심판하고 저주해서 이방의 포로가 되게끔 하겠다고 말씀하셨다(신 28장). 하나님의 축복과 저주의 약속은 솔로몬의 삶에도 그대로 적용되었다. 하나님께서는 만약 솔로몬이 이스라엘의 왕으로서 하나님의 말씀을 따르면 그를 계속해서 축복하시겠지만, 그가 하나님을 따르지 않으면 이스라엘의 왕으로서의 그의 권세와 지위를 빼앗아 버리겠다고 말씀하셨다(왕상 9:1~9). 솔로몬의 삶은 하나님의 축복으로 시작해서 저주로 끝나고 있다. 그가 하나님의 말씀을 순종할 때 하나님께서는 그를 축복해 주셨지만, 그가 말년에 이방 여인들의 유혹을 받아 이방 신들을 섬기게 되자 저주를 내리셨다.

이스라엘의 지도자들 가운데 이러한 일이 빈번히 일어났다. 우리는 그들의 삶을 통해 시작이 좋다고 해서 끝이 반드시 좋은 것은 아니라는 사실을 배우게 된다. 솔로몬은 하나님께 범죄했는데, 특히 이방의 여인들과 결혼을 해서 그들의 거짓된 신에게 예배했다(왕상 11:1~5). 그래서 솔로몬

의 왕국은 BC 931년에 분열했다. 북이스라엘 열 지파는 여로보암이 다스리고, 남쪽의 유다와 베냐민 지파는 르호보암이 다스렸다.

하지만 두 왕국은 계속적으로 우상을 섬기며 부도덕한 일을 행했다. 그리고 하나님께서는 그들에게 미리 경고하신 대로 심판의 손을 펴셨다. 먼저 북이스라엘 왕국이 멸망했는데, 북이스라엘 백성들은 BC 722년에 앗수르 사람들에 의해 포로로 붙잡혀 갔다. 그리고 북이스라엘의 운명을 보고도 회개하지 않은 남유다는 바벨론 사람들에 의해서 BC 586년에 멸망당했다.

북이스라엘 백성들은 앗수르에 예속되어서 결국 다른 문화권에 동화되었다. 하지만 남유다의 백성들은 바벨론에서 그곳의 문화에 물들지 않은 채 자신들의 문화를 고수했고, 바벨론이 BC 539년에 메대와 페르시아에게 멸망당한 이후에 많은 유대인들이 고국으로 돌아왔다.

BC 538년에 첫 번째 그룹이 스룹바벨의 인도하에 유다로 돌아왔다(스 1:1~2:2). 수년간 사마리아인들의 방해를 받으면서도 귀환자들은 결국 BC 515년 예루살렘에 성전을 재건하는 데 성공했다(참조, 에스라 서론 '포로들의 세 번의 귀환' 도표).

수년이 지난 후 BC 458년에 유대인들이 두 번째로 귀환했다. 이때는 에스라가 이들을 인도했다(스 7:1~10). 그들은 예루살렘에 이르러서 유대인들이 영적, 도덕적으로 타락한 상태인 것을 보게 되었다. 예루살렘의 유대인들은 주변 국가들의 믿지 않는 사람들과 통혼하고 이방 제의에 참가하고 있었다. 에스라는 그러한 사람들을 열성을 다해서 가르치고 교화시켰다. 그래서 그들 가운데 대부분이 죄악된 삶에서 돌아서서 다시 하나님의 뜻을 따르며 살게 되었다.

에스라가 귀환한 지 14년이 지난 BC 444년에 느헤미야가 귀환했다. 하나님께서는 느헤미야를 보내셔서 유대인들이 도시 성벽을 재건하고 백성들의 사회적 경제적 삶을 정비하도록 하셨다. 느헤미야는 짧은 시간에 믿을 수 없을 만큼 많은 일을 했다. 하나님께서 느헤미야에게 명하신 일을 어떻게 성취했는지를 느헤미야서는 우리에게 확실하게 보여 준다.

이름

느헤미야서의 이름에 대해서는 에스라서와 연과시키면 보다 확실하게 알 수 있다. 에스라서의 서론에 있는 '이름' 항목을 보라.

저자

대부분의 성경 주석가들은 느헤미야가 자신의 이름을 딴 느헤미야서를 기록했다는 사실에 동의한다. 느헤미야서의 많은 부분이 일인칭으로 되어 있으며, 느헤미야가 예루살렘에 귀환할 당시의 상황을 언급하고 있다(1~7장; 12:31~13:31).

느헤미야의 어린 시절, 청년 시절 그리고 그의 가문에 대해서는 전혀 알려진 바 없다. 단지 그의 부친의 이름이 '하가랴'(1:1)라는 것과 그의 형제 이름이 하나니(1:2)라는 사실만이 밝혀져 있다. 아마도 느헤미야의 조부는 예루살렘이 바벨론에 점령되었을 때 포로로 잡혀간 것 같다. 느헤미야는 스룹바벨이 예루살렘으로 귀환할 즈음이나 그 이후에 페르시아에서 태어났을 가능성이 있다.

느헤미야는 이방 사회에서 높은 지위에 올랐다. 그는 아닥사스다 왕의 술 관원의 직분을 맡고 있었다(1:11. 참조, 2:1).

왕의 궁중에서는 술 맡은 관원이 상당히 중요한 지위였는데, 느헤미야가 그러한 위치에 있었다는 것이 느헤미야의 삶과 성격을 파악하는 데 도움을 준다. 페르시아의 왕과 같은 막강한 힘을 가진 군주들은 자신의 술 관원을 택할 때 지혜롭고 식견이 있으며 성품이 정직하고 신뢰할 만한 사람을 원했다. 그래서 느헤미야의 지위는 그가 지적으로 탁월한 능력을 지니고 있었다는 것과 정서적, 영적으로 성숙했다는 사실을 알려준다.

느헤미야는 아마도 하나님께서 그에게 주신 모든 사명을 완수한 다음에 느헤미야서를 기록했을 것이다. 이것은 그가 느헤미야서를 BC 430년경이나 아니면 그보다 조금 후에 기록했을 것임을 의미한다.

The Bible Knowledge
Commentary

개요

I. 성벽의 재건(1~6장)

   A. 느헤미야가 소리 내어 기도하다(1장)
      1. 예루살렘에서 온 소식(1:1~3)
      2. 느헤미야의 반응(1:4)
      3. 술 맡은 관원의 기도 내용(1:5~11)

   B. 느헤미야의 기도가 응답되다(2:1~8)
      1. 느헤미야에게 주어진 기회와 응답(2:1~4상)
      2. 느헤미야가 왕에게 간청하다(2:4하~8상)
      3. 느헤미야가 하나님께 찬양하다(2:8하)

   C. 느헤미야가 공사할 준비를 갖추다(2:9~20)
      1. 느헤미야가 예루살렘에 도착하다(2:9~10)
      2. 느헤미야가 성벽을 둘러보다(2:11~16)
      3. 느헤미야가 백성들을 독려하다(2:17~20)

   D. 느헤미야가 사역을 시작하다(3장)
      1. 북쪽 성벽 재건 작업(3:1~5)
      2. 서쪽 성벽의 작업자들(3:6~12)
      3. 남쪽 성벽의 작업자들(3:13~14)
      4. 남동쪽 성벽의 작업자들(3:15~27)
      5. 북동쪽 성벽의 작업자들(3:28~32)

E. 느헤미야가 반대자들에게 반응을 보이다(4장)

   1. 산발랏이 심리전을 걸어오다(4:1~3)

   2. 느헤미야는 영적으로 응답했다(4:4~6)

   3. 산발랏의 음모(4:7~12)

   4. 느헤미야의 전략(4:13~15)

   5. 성벽을 재건하다(4:16~23)

F. 느헤미야가 내적인 문제들을 다루다(5:1~13)

   1. 발생된 문제들과 느헤미야가 첫 번째로 보인 반응(5:1~7상)

   2. 느헤미야의 대책(5:7하~11)

   3. 백성들의 반응(5:12~13)

G. 느헤미야가 총독으로 다스리다(5:14~19)

   1. 총독으로서의 특권을 거부한 느헤미야(5:14~15, 17~18)

   2. 자신의 무죄를 주장한 느헤미야(5:16, 19)

H. 자신을 반대하는 사람들에 대한 느헤미야의 반응(6:1~14)

   1. 첫 번째 음모: 느헤미야 암살기도(6:1~4)

   2. 두 번째 음모: 비방(6:5~9)

   3. 세 번째 음모: 변절자 스마야(6:10~14)

I. 느헤미야가 성벽 재건 작업을 완수하다(6:15~19)

The Bible Knowledge
Commentary

II. 백성들의 회복(7~13장)

A. 예루살렘의 안전(7:1~3)

B. 귀환자들에 대한 인구조사(7:4~73상)

C. 에스라의 사역(7:73하~10:39)

  1. 이스라엘 백성들이 율법에 복종하다(7:73하~8:18)

  2. 이스라엘 백성들이 죄를 고백하다(9:1~37)

  3. 복종하겠다는 이스라엘의 약속(9:38~10:39)

D. 유대 거주자들의 명단(11:1~12:26)

  1. 예루살렘의 거주자들(11:1~24)

  2. 유다와 베냐민 지파의 마을에 사는 거주민들(11:25~36)

  3. 제사장과 레위인들의 명단(12:1~26)

E. 성벽의 봉헌(12:27~47)

  1. 봉헌을 위한 준비(12:27~30)

  2. 두 성가대의 행진(12:31~42상)

  3. 예배에 참석(12:42하~43)

  4. 봉헌의 준비(12:44~47)

F. 느헤미야에 의한 개혁(13장)
   1. 이방인들을 몰아냄(13:1~3)
   2. 느헤미야가 도비야와 만남(13:4~9)
   3. 느헤미야가 유다의 관리들을 만남(13:10~14)
   4. 느헤미야가 안식일을 범하는 무리들과 만남(13:15~22)
   5. 느헤미야가 결혼의 서약을 깨뜨린 무리들과 만남(13:23~31)

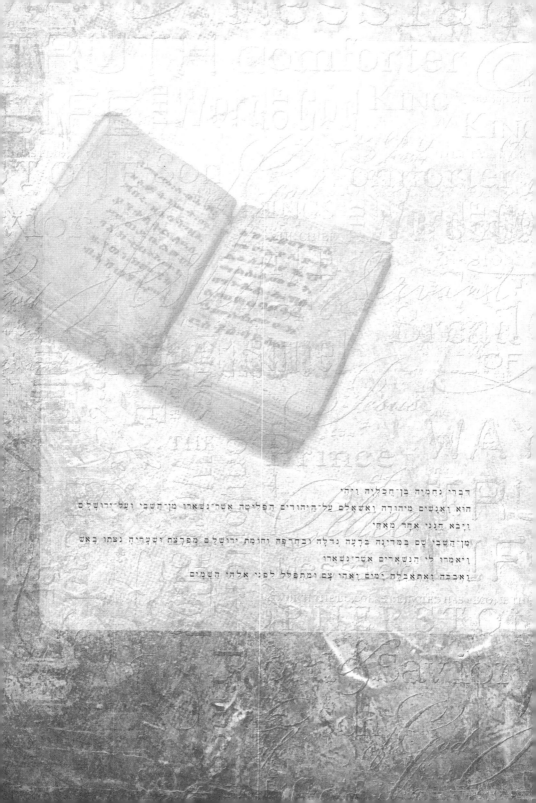

דִּבְרֵי נְחֶמְיָה בֶּן־חֲכַלְיָה וַיְהִי

הוּא וַאֲנָשִׁים מִיהוּדָה וָאֶשְׁאָלֵם עַל־הַיְּהוּדִים הַפְּלֵיטָה אֲשֶׁר־נִשְׁאֲרוּ מִן־הַשֶּׁבִי וְעַל־יְרוּשָׁלָ͏ִם

וַיָּבֹא חֲנָנִי אֶחָד מֵאַחַי

מִן־הַשֶּׁבִי שָׁם בַּמְּדִינָה בְּרָעָה גְדֹלָה וּבְחֶרְפָּה וְחוֹמַת יְרוּשָׁלַ͏ִם מְפֹרָצֶת וּשְׁעָרֶיהָ נִצְּתוּ בָאֵשׁ

וַיֹּאמְרוּ לִי הַנִּשְׁאָרִים אֲשֶׁר־נִשְׁאֲרוּ

וָאֵבְכֶּה וָאֶתְאַבְּלָה יָמִים וָאֱהִי צָם וּמִתְפַּלֵּל לִפְנֵי אֱלֹהֵי הַשָּׁמָיִם

The Bible Knowledge
Commentary   8

Nehemiah
주해

The Bible Knowledge
Commentary

주해

Ⅰ. 성벽의 재건(1~6장)

A. 느헤미야가 소리 내어 기도하다(1장)

1. 예루살렘에서 온 소식(1:1~3)

1:1~3 느헤미야가 수산에 있는 페르시아의 겨울 궁전(참조, 에 1:2; 단 8:1; 스 1:1, '페르시아 제국' 지도)에서 시무하던 어느 날, 유다에서 온 몇 몇 사람들에게서 소식을 들었다. 그들 가운데 한 사람은 느헤미야의 형제였는데 이름은 하나니였다. 후에 느헤미야는 그를 예루살렘의 높은 자리에 앉혔다(7:2). 이 소식을 들은 때는 기슬르월, 즉 11~12월(참조, 출 12:1, '이스라엘의 달력' 도표), 아닥사스다 재위 20년(참조, 2:1)이다. 아닥사스다는 페르시아의 6대 왕으로서 BC 464년에 즉위했다. 따라서 느헤미야가 소식을 들은 것은 BC 444년이 된다.

그 소식은 느헤미야의 동포와 그의 조국에 관한 것으로, 소식을 들은 순간 느헤미야는 깊은 절망에 잠겼다. 유다(당시 유다는 페르시아 제국의 한 속국이었다)에 있는 유대인들은 많은 어려움을 겪고 불명예스러운 삶을 살고 있었으며, 예루살렘 성벽은 무너지고 성은 소실되었다(6개 성문이 나중에 보수되었다. 3:1, 3, 6, 13~15). 이러한 상황에서 예루살렘 성은 적들의 공격에 무방비일 수밖에 없었다. 유대인들은 성벽을 재건하고 있었다(스 4:12). 하지만 몇몇의 사마리아인들과 사령관인 르훔의 고소에 압력을 느낀 아닥사스다는 성벽 재건을 중지했다(스 4:17~23)

느헤미야는 궁중에서 높은 지위에 있었기 때문에 분명히 르훔이 먼저 편지를 보내고 나중에 아닥사스다가 답장한 사실을 알고 있었을 것이다. 하지만 느헤미야는 그 편지가 어떤 결과를 가져왔는지에 대해서는 알지 못했다. 그래서 속을 태우며 예루살렘에 있는 형제들을 염려했다. 이런 상황에 처한 느헤미야에게 예루살렘이 황폐해졌다는 소식이 들리자, 그의 실망이 얼마나 컸을지는 충분히 짐작할 수 있다.

2. 느헤미야의 반응(1:4)

1:4 이렇듯 실망스러운 소식을 전해 듣고 느헤미야는 바로 앉아서 울었다(참조, 스 10:1). 며칠 동안 그는 슬퍼하고 금식하면서 하늘에 계신 하나님께 기도했다(참조, 1:5; 2:4, 20. 참조, 스 1:2 주해). 그는 계속해서 기도했다("이스라엘 자손을 위하여 주야로 기도하오며" [1:6]). 율법에서 명시한 날, 즉 대속죄일이 아니면 금식하지 않아도 되지만 느헤미야는 금식했다. 금식은 그 사람이 얼마나 절망적인 상황에 빠져 있는지를 우리에게 알려준다(참조, 삼하 12:16; 왕상 21:27; 스 8:23).

3. 술 맡은 관원의 기도 내용(1:5~11)

a. 느헤미야는 하나님께서 위대하시다는 사실을 알고 있었다(1:5)

1:5 느헤미야는 자신의 힘으로는 도무지 해결할 수 없는 상황에 직면했다. 하지만 그는 하나님과 함께하면 모든 일이 가능하다는 사실을 알고 있었다(참조, 렘 32:17). 느헤미야는 하나님의 전능하심을 확신하면서 기도를 시작했다. "하늘의 하나님 여호와(참조, 1:4) 크고 두려우신 하나님이여"(참조, 4:14; 9:32). '주'(여호와)는 하나님께서 이스라엘과 맺으신 언약의 관계에 대해서 말하는 것이고, '하늘의 하나님'은 여호와의 주권을 말하며 '크고 두려우신'이라는 말은 여호와의 권능과 위엄을 가리킨다. 확실히 이런 하나님만이 느헤미야의 기도에 응답하실 수 있었다. '주'이신 여호와는 그분을 사랑하고 복종하는 사람들과 맺으신 사랑(헤세드[חֶסֶד], 즉 '신실하신 사랑')의 계약을 지키신다.

b. 느헤미야는 이스라엘의 죄를 고백한다(1:6~7)

1:6~7 느헤미야는 이스라엘 백성들의 죄를 고백하는 기도에 자신도 포함시켰다. 예언자 다니엘이 100여 년 전에 기도했던 것처럼(단 9:4~6), 그리고 에스라가 기도했던 것처럼(스 9:6~15) 느헤미야는 하나님의 율례를 따르지 않은 이스라엘 백성들의 불복종에 대한 책임이 자신에게도 있다는 사실을 알고 있었다. 그는 '자복하오니'라고 말하고, 세 번이나 '우리'라고 말한다.

그는 자신과 이스라엘 백성들을 하나님의 종들이라고 부름으로써(참조, 1:10~11) 자신과 이스라엘을 주 앞에 굴복시키는 태도를 취했다. 1장 7~8절의 '주의 종 모세'라는 표현을 주의 깊게 살펴보라.

c. 느헤미야는 하나님의 도움을 청한다(1:8~11)

1:8~11 느헤미야는 하나님께서 모세에게 만약 이스라엘이 범죄하면 열국 중에 흩으시겠지만(레 26:27~28, 33; 신 28:64), 하나님의 말씀을 따르면 포로로 잡혀간 자들을 예루살렘으로 다시 불러들이겠다(신 30:1~5)고 말씀하신 사실을 하나님께서 기억하시도록 간청한다. 여기서 하나님을 회상하게 했다는 것은 단순히 잊은 것을 다시 기억하시게 한다는 의미가 아니고, 여호와께서 행동하시게 만들었다는 의미를 갖고 있다. 하나님께서 자신의 이름을 두시기 위한 거처로서의 예루살렘에 대해서는 신명기 12장 5절, 역대하 6장 6절의 주해를 참조하라. 유대인들이 하나님께 속했기 때문에("주의 종들이요 주의 백성이니이다"[10절]. 참조, 신 9:29), 그리고 여호와께서는 그들을 구속하시기 때문에, 이스라엘 백성들을 위해

서 기도하는 느헤미야의 기도를 하나님께서 들으시고 응답하실 것이 분명하다. 하나님께서는 자신의 '사랑의 계약'(1:5)을 지키시는 분이시기 때문이다. 느헤미야는 하나님의 이름을 경외하는(다시 말하면, 하나님의 계시된 성품을 존경하는) 동료 유대인들에 대해서 말하면서 하나님께 그들의 기도를 들어달라고 간구한다(11절. 참조, 1:6).

인간적인 관점에서 보자면 느헤미야에게 예루살렘에 있는 유대인들에게로 가서 그들을 돕도록 허용할 수 있는 사람은 한 사람밖에 없었다. 그 사람은 바로 느헤미야가 섬기는 아닥사스다였다. 수년 전에 아닥사스다는 예루살렘의 재건 공사를 중지하도록 조서를 내렸다(스 4:21; 참조, 느 1:1~3 주해). 따라서 그 조서를 변경시킬 수 있는 유일한 사람 역시 아닥사스다 본인이다. 그래서 느헤미야는 "오늘 종이 형통하여 이 사람들 앞에서 은혜(문자적인 의미는 '연민'이다)를 입게 하옵소서"(11절. 참조, 1:6)라고 기도했다. 여기서 '이 사람'은 바로 아닥사스다 왕을 가리킨다. 느헤미야는 왕과 친밀한 관계를 맺고 있었기 때문에 왕에게 간청할 수 있었다.

왕의 술 맡은 관원으로서 느헤미야는 술을 왕에게 드리기 전에 술에 독이 없다는 것을 확인하기 위해 먼저 시음하는 책임을 맡고 있었다. 그래서 느헤미야는 왕을 수시로 알현할 수 있었다.

B. 느헤미야의 기도가 응답되다(2:1~8)

1. 느헤미야에게 주어진 기회와 응답(2:1~4상)

2:1~4상 느헤미야가 예루살렘에 대한 소식을 듣고 자신의 생각을 왕에게 전할 기회를 얻는데 넉 달이 걸렸다(기슬르월은 11~12월, 니산월은 3~4월이다. 참조, 1:1). 이때는 아닥사스다 왕 재위 20년의 니산월이다. 그 이유는 왕의 재위 기간이 티쉬리(9~10월)에 시작하기 때문이다. 느헤미야가 자신의 일과를 수행하는 동안 왕은 느헤미야의 형색이 어딘지 달라졌다는 것을 직감했다. 느헤미야는 슬퍼 보였다. 왕은 즉시 느헤미야에게 왜 기분이 좋지 않은지 물었다. 느헤미야가 왕 앞에서 그런 분위기를 자아낸 것은 그때가 처음이었다. 왕의 질문은 정곡을 찔렀다. "네가 병이 없거늘 어찌하여 얼굴에 수심이 있느냐"(2절).

느헤미야는 조심스럽게 대답했다. 사실 그는 왕을 두려워하고 있었다. 일개 종으로서 왕 앞에서 자신의 기분이 좋지 않음을 드러내는 것은 금지되어 있었다. 그러한 일은 왕의 기분을 망치게 했기 때문이다. 만약 신하가 왕 앞에서 슬픔을 드러낸다면 그의 자리는 물론, 심지어 목숨까지도 위태로웠다. 느헤미야 역시 그의 요청이 무례하다는 것을 알고 있었다. 앞에서 이미 말한 대로 아닥사스다 왕이 예루살렘의 재건을 중지한 지 불과 몇 년이 지나지 않았는데, 느헤미야가 왕의 조서를 변경시키도록 요청하고 있는 것이다. 느헤미야는 자신의 목숨이 경각에 달려 있다는 것을 직감했다. 하지만 느헤미야의 대답은 현명했다. 그때가 바로 자신이 지금까지 몇 달간 생각해 온 그 기회라는 것을 알았다.

느헤미야는 대답을 하면서 예루살렘을 언급하지 않았다. 왕의 민감한 정치적 감정을 건드릴 수도 있기 때문이다. 그는 죽은 자들이 받아야 할 바른 예우를 말함으로써 이 부분에 민감한 왕의 마음을 움직였다. 느헤미야는 자신의 선조들이 묻혀 있는 성이 파괴되고 성문은 소실되었다(참조, 1:3)고 말했다. 이것은 유대인 성에서 일어난 슬픈 일이었다(BC 515년). 멸망 후 71년에 걸쳐 성전이 재건되었다. 그러나 BC 444년인 지금까지도 아직 성에는 재건해야 할 것들이 많았다.

아닥사스다의 마음이 느헤미야의 말에 움직였다. 그는 느헤미야에게 그러한 상황에서 왕이 해줄 수 있는 일이 무엇인지 물었다. 느헤미야는 페르시아 제국의 영토인 유다에 대해 말하면서, 왕이 예루살렘의 상황에 민감해졌다는 사실을 알게 되었다.

2. 느헤미야가 왕에게 간청하다(2:4하~8상)

2:4하~6 분명히 느헤미야는 이 순간을 얻기 위해서 기도했다. 기도 가운데 하나님의 도우심을 바라면서, 그는 자신이 활용할 수 있는 모든 인간적인 이점들을 찾아보았다. 지적인 능력, 과거의 경험들, 축적된 지혜들, 지위와 맡은 직분, 접하는 사람들(예를 들면 페르시아의 왕) 등 자신이 갖고 있는 인간적인 이점들을 다 이용했다.

왕이 질문하고(4절상) 느헤미야가 대답하는(5절) 그 사이에, 느헤미야는 하늘의 하나님에게 짧은 기도를 드렸다(참조, 1:4~5). 이 짧은 기도(물론 이것은 소리를 내지 않은 기도이다)는 느헤미야의 넉 달 동안의 기도의 연장선 위에 있었다. 느헤미야는 자신의 요구를 적절하게 왕에게 설명하기 위한 지혜와 왕의 호의인 대답을 간구했다.

느헤미야는 예의를 다하고("왕이 만일 좋게 여기시고"[5절]. 참조, 2:7. 이 표현은 에스라 1:19; 3:9; 5:4, 8; 7:3; 8:5; 9:13에서만 나타난다) 겸손하게('종') 말하면서, 느헤미야는 왕이 자신을 자신의 선조들이 묻혀 있는 유다 성으로 보내 주어서 그 성을 재건하게 해줄 것을 간청했다. 여기에서도 역시 자신이 말하고 있는 도시가 예루살렘이라고 구체적으로 밝히지 않고 지나간다(참조, 2:3 주해). 왕비가 거기에 동석하고 있었다는 사실은 그들의 모임이 사적인 것이었음을 말해 준다. 왕비가 공식적인 연회에 참가하는 관습은 없었기 때문이다.

왕은 느헤미야에게 언제 귀환할 것인지 물었다. 이 질문은 왕이 느헤미야의 청을 들어주었다는 것을 의미한다. 느헤미야는 구체적인 시간 계획을 즉각 왕에게 알렸다. 이것은 그가 대답을 오래전부터 준비해 왔다는 사실을 알게 한다.

2:7~8상 느헤미야는 또한 왕에게 큰 은혜를 구했다. 원수들의 반대에 직면하게 될 것을 예견하고, 유브라데 강 유역과 강 서쪽의 대평야 지역을 통과할 수 있는 왕의 허가서를 요청했다. 그리고 왕이 아삽에게 편지를 써줄 것을 간구했다. 아삽은 왕의 삼림 감독이다. 느헤미야는 성문과 벽과 성의 다른 부분을 재건하는 데 목재가 필요하다는 것을 알았다. 영문(참조, 7:2)은 성전을 보호하기 위한 요새였다. 느헤미야가 예루살렘 근처의 왕의 삼림 관리자의 이름을 알고 있다는 것은 그가 면밀한 조사를 했다는 사실을 보여 준다.

아닥사스다는 예루살렘 성을 재건하도록 허용했는데, 이것은 다니엘이 95년 전인 BC 539년에 예언한 조서이다. 이 조서는 BC 444년 3월 5일에 선포되었다(참조, 단 9:25 주해).

3. 느헤미야가 하나님께 찬양하다(2:8하)

2:8하 느헤미야가 왕에게 심중의 생각을 아뢸 기회를 찾기 위해서 인간적으로 열심히 준비하고 왕의 질문에 특별한 지혜로써 대답했다고 해도, 그는 성공이 궁극적으로는 하나님의 도움에 달려 있다는 것을 알고 있었다. 그래서 그는 왕이 자신의 요구를 받아들인 것은 자신에게 임하신 하나님의 선한 손 때문이라고 기록하고 있다(참조, 18절; 스 7:6, 9, 28; 8:18, 22, 31).

C. 느헤미야가 공사할 준비를 갖추다(2:9~20)

1. 느헤미야가 예루살렘에 도착하다(2:9~10)

2:9~10 예루살렘은 느헤미야가 아무리 최단거리로 간다고 해도 두 달은 걸리는 거리다(참조, 6:15 주해). 14년 전 에스라는 예루살렘까지 가는데 네다섯 달이 걸렸다(스 7:8~9). 느헤미야는 귀환 도중에 권위 있는 왕의 편지를 각 지방 총독들에게 보여 주었다. 그뿐만 아니라 왕은 군인들에게 느헤미야를 지키도록 명령했다. 하지만 느헤미야는 도착하자마자 반대에 부딪혔다. 호론 사람 산발랏(예루살렘에서 24킬로미터쯤 떨어진 곳에 위치한 벧호론 출신이라는 것을 의미하는 듯하다)과 그의 동료인 암몬

사람 도비야는 느헤미야가 이스라엘 사람들을 돕기 위해서 예루살렘에 왔다는 말을 듣고 대단히 불쾌하게 생각했다. 그래서 그들은 즉시 느헤미야의 계획을 무산시킬 방안을 모색했다. 산발랏과 도비야는 장차 유다를 다스릴 생각을 갖고 있었던 것 같다. 실제로 이 사건이 일어난 지 37년이 지난 BC 407년에 기록된 엘레판티네 파피루스에는 산발랏이 '사마리아의 총독'으로 불린다. 하지만 느헤미야는 그들의 반대에도 불구하고 결코 자신의 의지를 굽히지 않았다. 그는 하나님께서 자신을 이스라엘 역사의 그 시점으로 인도하셔서, 자신보다 100년 전에 살던 사람들이 결코 완성할 수 없었던 그 일을 맡기셨다는 확신이 있었다.

2. 느헤미야가 성벽을 둘러보다(2:11~16)

2:11~16 느헤미야는 하나님께서 자신을 인도하셔서 이루도록 하신 일이 무엇이라는 것을 예루살렘에 사는 사람들에게 이야기 할 수 없었다. 그래서 먼저 몇 가지 조사를 하고 계획을 세운 다음에 자신의 심중을 털어놓으려고 했다. 느헤미야는 생각하고 기도하고 예루살렘의 몇 사람들과 사귀면서 3일을 보냈다. 그런 다음 신뢰할 수 있는 사람들에게 자신의 확신을 털어놓았다.

그리고 나서 느헤미야는 자신이 직면한 문제들을 분석하기 위해 먼저 성벽을 주의깊게 살펴보았다. 그는 밤중에 성벽을 둘러보았는데, 그 이유는 느헤미야가 자신의 계획을 솔직하게 말해도 문제가 없다는 확신이 서기 전까지는 다른 사람들에게 그 계획을 발설하지 않으려고 했기 때문이다. 밤중에 성벽을 둘러보면서 그는 어떤 생각을 갖게 되었고, 3장에 언급된 것처럼 예루살렘에서 임무를 달성하기 위한 효과적인 계획을 세워 나갔다. 밤중에 성벽을 둘러보기 위해서는 남서쪽 벽에 있는 골짜기 문에서 알려지지 않은 장소인 용정, 그리고 예루살렘의 남동쪽에 있는 분문까지 나귀나 노새를 타야 했다(14절). 아마도 이것은 토기문(렘 19:2)과 비슷한 샘문으로 동쪽 벽 분문의 북쪽에 있었다. 왕의 못은 왕의 동산(3:15) 가까이 있는 실로암 우물과 같은 것이거나, 또는 실로암 우물의 남쪽에 있었을 것으로 보인다. 느헤미야의 측근들이 더 이상 올라가는 것을 만류하자 느헤미야는 계곡(예루살렘의 동쪽에 있는 기드론 골짜기)으로 올라갔다. 그가 전 성벽을 둘러보았는지 아니면 동쪽 벽에서 다시 되돌아왔는지는 정확하지 않지만 두 가지 다 가능성이 있다. 느헤미야는 예루살렘으로 되돌아와서 원래 출발했던 골짜기 문(참조, 3:1, '느헤미야 시대의 예루살렘' 지도)에 도착했다.

3. 느헤미야가 백성들을 독려하다(2:17~20)

2:17~18 느헤미야가 비밀리에 수행한 조사 이후, 작업 가능한 계획을 세운 것에 만족하여 자신이 예루살렘에 온 이유를 유대인들에게 알리고자 했다. '그들'은 16절에 언급한 유다 사람, 제사장, 귀족, 방백, 그 외에 일하는 자들을 가리킨다. 느헤미야는 유다 백성들에게 비탄에 처한 자신들의 주변 상황을 주목하도록 독려하고 그러한 상황이 유대인들을 곤경과 불명예에 빠뜨린다는 사실을 주지시켰다(참조, 1:3). 그런 후에 유대인들이 예루살렘의 성벽을 재건하도록 권면했다. 또한 하나님의 선한 손(참조, 2:8)이 자신을 도와 아닥사스다 왕의 총애를 받도록 하고 성벽 재건을 허락 받게 하셨다는 사실을 백성들에게 고백했다.

느헤미야가 이렇게 독려할 때 백성들의 부정적인 마음 상태가 긍정적으로 변화되었다. 희망이 절망을 대체했다. 그들은 느헤미야의 말에 동의를 표하고 성벽 재건 작업을 시작했다.

2:19~20 느헤미야가 자신의 심중을 털어놓자 유대인들이 그에 대한 긍정적인 반응을 보였다는 소문이 신속히 퍼졌다. 유대인들의 대적들은 이 소문을 듣자마자, 성벽 재건 작업을 중지시킬 움직임을 보였다. 그들은 자신들이 알고 있는 온갖 비도덕한 방법들을 다 사용했는데, 업신여기고 비웃으며 유대인들을 반역자라고 참소하기까지 했다. 산발랏과 도비야(참조, 10절)는 아라비아 사람인 게셈과 동맹을 맺었다(참조, 6:1~2, 6).

그러나 느헤미야는 그들이 비열하게 공격해 올 것을 알고 미리 준비하고 있었다. 그는 하늘의 하나님(참조, 1:4~5; 2:4)께서 유대인들이 성공하게끔 하실 것이라고 확신했다. 유대인들은 하나님의 종들로서 성벽을 재건했지만, 3명의 반대자들은 예루살렘에 대해 아무런 기업이나 권리도 없고(현재) 기억되는 바도 없었다(과거).

느헤미야는 유대인이나 그 대적들이 보는 앞에서 자신에게 주어진 사명을 정확하게 실행해 나갔다. 이스라엘 백성들이 의지하는 것은 그들의 능력이나 인적 자원들, 개인적인 천재성이 아니다. 그들의 유일한 희망은 바로 하늘에 계신 하나님께 있다.

느헤미야는 탁월한 지도자에게 필요한 많은 특징들을 가지고 있다. 캠벨(Donald K. Campbell)은 느헤미야의 21가지의 특징을 설명한다(*Nehemiah: Man in Charge*, p. 23).

1. 느헤미야는 합당하고 실현가능성 있는 목표를 세웠다.
2. 느헤미야는 선교적 감각을 지니고 있었다.

3. 느헤미야는 자발적으로 일에 몰두하는 성향을 갖고 있었다.

4. 느헤미야는 그의 목표를 달성하기 위해서 우선해야 될 일이 무엇
   인지 재조정했다.

5. 느헤미야는 하나님께서 역사하시는 시간을 인내를 갖고 기다렸다.

6. 느헤미야는 그의 상급자에게 존경을 표했다.

7. 느헤미야는 결정적인 때에 기도했다.

8. 느헤미야는 요령있게, 그리고 공손하게 자신의 요구를 간구했다.

9. 느헤미야는 그가 앞으로 일을 해나갈 때 무엇이 필요한지를 깊이
   생각하고 준비했다.

10. 느헤미야는 적절한 활로를 개척하여 나아갔다.

11. 느헤미야는 3일 동안 시간을 내서 휴식하고 기도하고 계획을 세
    웠다.

12. 느헤미야는 우선적으로 상황 파악에 힘썼다.

13. 느헤미야는 예루살렘을 둘러보고 나서 어떠한 문제들이 있는지
    파악한 다음, 자신의 생각을 다른 사람에게 알렸다.

14. 느헤미야는 자신을 백성의 한 사람으로 여기고 그렇게 행동했다.

15. 느헤미야는 백성들에게 타당하고 성취 가능한 목표를 제시했다.

16. 느헤미야는 그들이 세운 계획에 하나님께서 함께하신다는 사실
    을 백성들에게 확신시켰다.

17. 느헤미야는 장애물에 부딪힐 때마다 확고한 자세를 보여 주었다.

18. 느헤미야는 장애물에 부딪힐 때마다 하나님을 전적으로 신뢰했다.

19. 느헤미야는 대적자들과 논쟁하지 않았다.

20. 느헤미야는 대적자들의 반대에도 결코 낙심하지 않았다.

21. 느헤미야는 총독으로서 자신의 권위를 과감하게 사용했다.

D. 느헤미야가 사역을 시작하다(3장)

예루살렘의 성벽을 재건하는 것은 엄청난 일이었다. 악조건 속에서는 여간 힘든 일이 아니었다. 어려운 상황에도 불구하고 성벽을 재건하기 위해서는 특별한 조직력이 필요했다. 느헤미야가 세운 계획의 독특함이 3장에서 명확히 나타나고 있다. 느헤미야가 사역을 담당하는 데 몇 가지 분명한 특징이 드러난다.

그는 모든 사람에게 각각 구체적인 작업을 지시했다. 이 협동체제는 '그 다음은'이라는 구절에서 명백히 나타난다. 이 구절은 3장에서 28번 반복된다.

느헤미야는 성벽을 재건하는 데 있어서 각 사람들에게 그들의 집에서 가까운 곳에서 일하도록 했다(21, 23~24, 26, 28~30절). 계획을 이렇게 세우게 된 이유는 분명하다. 첫째, 느헤미야는 각 사람들에게 자신들의 집에서 가까운 곳에서 일하게 함으로써 그들에게 일할 마음을 불러일으켰다. 둘째, 집에서 먼 곳에서 일할 때 소요되는 시간을 줄일 수 있었다. 셋째, 대적들이 공격해 올 경우 그들은 자신들이 일하는 곳을 고수하면서 자신들의 가족과 집을 보호할 수 있었다. 넷째, 느헤미야는 각자가 자기 집 주변에서 일하게 함으로써 일할 수 있는 사람들을 최대한 동원할 수 있었다.

공동체는 여러 부분으로 이루어져 있다. 예루살렘 밖(여리고[2절], 드고아[5, 27절], 기브온[7절], 미스바[7절])에 거주하는 사람들은 집들이 별로 많지 않은 지역에서 일하도록 했다. 이들은 예루살렘에 사는 주민이

쉽게 다룰 수 없는 일을 완성하도록 부름 받았다.

느헤미야는 모든 사람에게 각자가 해야 할 일을 분담해 주었다. 예를 들어서 대제사장과 그외 제사장들은 양문을 재건하도록 했다(1절). 이 것은 그들이 특별히 관심 갖는 일이었는데, 희생제사에 바쳐질 짐승들을 이 양문을 통해서 성전으로 들여왔기 때문이다. 다른 제사장들은 22, 28 절에 언급되어 있다. 이들 외에도 성벽 재건에 참여했던 사람들은 금장 색(8, 31, 32절), 향품 장사(8절), 예루살렘 지역 통치자와 다른 지역 통치 자들(9~12절, 14~19절), 레위 사람(17절) 그리고 상인들(31~32절)이라 고 기록되어 있다. 그리고 할로헤스의 딸들도 성벽 재건 작업에 참여했다 (12절).

1. 북쪽 성벽 재건 작업(3:1~5)

'느헤미야 시대의 예루살렘' 지도를 보면 3장에 언급되어 있는 성문 열 개와 네 개의 탑이 표시되어 있다. 열 개의 성문 가운데 여섯 개가 보수되 었다(1, 3, 6, 13~15절).

3:1~2 느헤미야는 성벽 북동쪽에 있는 양문에서부터 보수 작업을 시작 해 시계 반대방향으로 작업을 진행해 갔다. 양문은 베데스다 연못 근처에 있었던 것으로 알려지고 있다(요 5:2). 이것은 고고학자들의 발굴 작업에 의해서도 입증되었다.

대제사장 엘리아십(참조, 느 13:4)은 예수아의 손자였는데, 예수아는 스룹바벨 시대의 대제사장이었다(스 3:2). 엘리아십과 다른 제사장들(참 조, 3:22)은 양문을 보수하고 그것을 하나님께 봉헌했다. 그러고 나서 함메아 망대와 하나넬 망대를 보수했다(참조, 12:39; 렘 31:38; 슥 14:10). 이 두 망대의 정확한 위치는 알려지지 않고 있다. 하지만 이 망대들이 양문과 어문 사이에 있었던 것은 분명하다.

3:3~5 어문은 두로 사람들이 고기를 팔기 위해서 예루살렘으로 들어오던 문이었던 것으로 보인다(13:16). 제사장의 아들인 므레못(참조, 스 8:33)은 두 번째 구역에서 일을 했으며(3:21), 므술람(3:30. 그는 딸을 도비

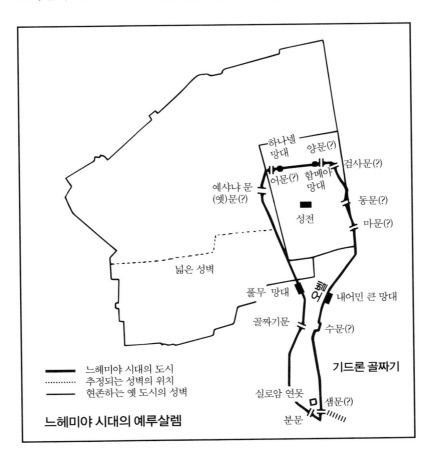

느헤미야 시대의 예루살렘

야의 아들과 결혼시켰다[6:18])도 두 번째 구역에서 성벽을 보수했다. 예루살렘에서 남쪽으로 19킬로미터쯤 거리에 있는 아모스의 고향인 드고아의 사람들은(암 1:1) 두 번째 구역을 보수했다. 드고아의 귀족들은 성벽 재건 작업에 참여하지 않았지만, 드고아에서 온 다른 사람들은 동쪽 성벽에서 재건 작업을 했다(3:27)

2. 서쪽 성벽의 작업자들(3:6~12)

3:6~12 옛 문(6절)과 넓은 성벽(8절) 사이에 에브라임 문이 있었다(참조, 12:39). 기브온과 미스바는 예루살렘에서 북서쪽으로 몇 킬로미터 떨어진 곳에 위치했다(메로놋의 위치는 알려져 있지 않다). 무엇보다 놀라운 것은 이 도시들이 서쪽 총독(참조, 2:9)의 통치하에 있었다는 것이다. 그 성문들과 화덕 망대(11절)의 정확한 위치는 알 방법이 없지만, 망대가 떡 만드는 자의 거리에 있던 화덕 근처에 있었다는 것은 확실하다(렘 37:21). 대장장이(금장색)와 향료 장사(8절)는 다른 작업대에 연이어 배치되어 작업했다. 예루살렘 지역의 통치자들과 그 지역의 절반을 다스리는 자들(9, 12절. 참조, 3:14~15)까지도 연장을 들고서 성벽 재건 작업에 참여했다.

3. 남쪽 성벽의 작업자들(3:13~14)

3:13~14 골짜기 문은 느헤미야가 예루살렘에 도착해서 성벽을 둘러보기 위해 떠날 때 출발했던 지점이고, 다시 순찰을 마치고 돌아온 지점이기도 하다(2:13, 15). 분문은 이 문을 통해서 예루살렘의 남쪽, 버림받은 자들이 살고 있는 힌놈의 골짜기로 간다고 해서 붙여진 이름이다.

4. 남동쪽 성벽의 작업자들(3:15~27)

3:15~16 샘문은 동쪽 성벽에 있었는데, 분문의 북쪽에 위치하고 있었다. 셀라 못은 왕의 동산 근처에 있었으며 유다의 마지막 왕인 시드기야가 바벨론이 예루살렘을 점령했을 때 이 동산을 통해서 예루살렘을 탈출하려고 했었다(렘 39:4).

다윗의 묘실은 다윗 왕가의 무덤으로 알려져 있다. 다윗은 '다윗의 성'(왕상 2:10)이라 불리는 이 지역에 장사되었다. '파서 만든 못'은 왕의 연못이었던 것으로 보이는데(2:14), '아랫못'(사 22:9)일 가능성도 있다. 용사의 집은 다윗의 선별한 군인들, 즉 '용사들'(삼하 23:8)의 숙소였을 것이다.

3:17~27 바왜(빈누이. 18절)가 다른 구역을 보수했다(24절). 군기고(19절)는 동쪽 성벽 가까이에 위치하고 있다. 성 굽이는 성벽의 가장자리이다. 다른 굽이는 24~25절에 언급되어 있다.

개인의 집들도 몇몇 언급되고 있다. 대제사장 엘리아십의 집(20~21절. 참조, 3:1), 베냐민과 핫숩의 집(23절), 아사랴의 집(23~24절)이 언급된다. 제사장들의 집(28절), 사독의 집(29절), 므술람의 집(30절), 성전 봉사자들과 상인들의 집(31절)은 나중에 언급된다.

므레못(21절)은 드고아 사람들처럼(3:5, 27) 두 구역을 보수했다. 제사장들(22절. 참조, 3:1)과 레위인들(17절)도 보수 작업에 참여했는데, 성벽의 다른 지역보다 성전에서 가까운 구역을 보수했다. 망대(25절)는 왕궁 가까운 곳에 있었는데, 이 왕궁은 아마도 솔로몬이 세운 궁으로 보인다(왕상 7:1~8). 시위청은 솔로몬의 궁 근처에 있는 대정원의 한 부분이었던 것으로 생각된다(왕상 7:9~12). 오벨 언덕(26절)은 다윗 성과 성산(temple mount) 사이에 위치하고 있었다. 그래서 성전 종사자들은 성전 지역 근처에 거주했다.

5. 북동쪽 성벽의 작업자들(3:28~32)

3:28~32 마문(28절)은 동쪽 성벽에 있었는데, 말들이 이 문을 통해서 궁전으로 들어갔을 것으로 추정된다. 동문(29절)은 성전의 바로 동쪽에 위치하고 있었다. 말기야(31절)는 3장에 이름이 기록된 사람들 가운데 세 번째 사람인데(참조, 3:11, 14), 그는 남쪽에서 성전 종사자들(이들은 오빌의 언덕에서 살고 있었다. 3:26)의 집까지 성벽을 보수했다. 상인들 역시 성전 종사자들의 집 근처에서 거주하고 있었다. 함밉갓 문은 성벽의 북동쪽 모퉁이에 위치하고 있었다(참조, 3:24, 모퉁이(굽이)에 관한 언급). 성 모퉁이 위에 있는 방(본문에는 '성루'라고 되어 있다)은 벽 위에 있었는데 무슨 용도로 사용되었는지는 알 수 없다. 양문은 처음 공사가 시작되었던 곳이다(참조, 3:1).

E. 느헤미야가 반대자들에게 반응을 보이다(4장)

느헤미야는 심사숙고 끝에 성벽의 각 구역들을 개인들에게 할당해 주고 보수하도록 위임했으며, 그들은 주어진 일을 마무리 지었다. 독자들은 이러한 내용이 담긴 3장을 읽으면서 매사가 순조롭게 되었을 것으로 생각하기 쉽다. 하지만 결코 그렇지 않았다. 하나님의 사역을 행하는 데 있어서 반대 없이 진행되는 일은 드물다. 사실 '느헤미야가 직면한 문제와 그가 보인 반응' 도표에서 볼 수 있는 것처럼, 유다의 새로운 지도자 느헤미야는 많은 문제에 직면했다.

1. 산발랏이 심리전을 걸어오다(4:1~3)

4:1~3 앞에서 살펴본 대로(2:10), 산발랏은 느헤미야가 유대인들을 돕기 위해서 귀환했다는 말을 듣고 기분이 상했다. 하지만 산발랏은 하나님께서 자신의 백성들에게 깊은 관심을 갖고 계신다는 사실을 알지 못했다. 산발랏의 불쾌감이 이제는 심한 분노로 바뀌었다(1절. 참조, 4:7). 그래서 산발랏은 도비야(3절. 참조, 2:19; 4:7; 6:1, 12, 14)와 게셈(2:19)을 비롯한 그의 측근들과 더불어서 사마리아의 군인들 앞에서 유대인들을 조롱했다. 산발랏은 유대인들이 아닥사스다 왕에게 반역을 일으켰다고 고소했으며(2:19), 일련의 질문들을 통해 그는 유대인들이 성벽 재건 작업을 완수하지 못할 것을 장담했다(2절). 산발랏은 유대인들은 미약하다면서, 과연 그들이 희생제사를 드릴 수 있겠느냐고 질문했다. 다시 말하면 유대인들이 과연 성벽을 완전히 재건하고 나서 감사의 희생제사를 하나님께 드릴 수 있겠는가 하는 물음으로써, 그것이 도저히 불가능하다는 사실을 강조한 것이다. 산발랏은 또 유대인들이 성벽 재건을 하루에 다 마치려고 하는 정신나간 생각을 하고 있지는 않은지 물으면서, 그들은 지금 자신들이 하고 있는 일이 무엇인지 알지 못한다고 말했다. 또한 산발랏은 흙 무더기 속에서 불탄 쓸모없게 된 벽돌들을 사용해서 성벽을 재건하려고 하느냐고 물었다. 암몬 사람 도비야(2:19)는 산발랏 옆에 서서 유대인들의 용기를 꺾는 일에 한몫 거들었다. 도비야는 유대인들을 조롱하면서 그들이

하는 일이 얼마나 시원찮은지, 몸무게가 얼마 나가지 않는 여우가 올라가
도 성벽이 무너지게 될 것이라고 말했다.

2. 느헤미야는 영적으로 응답했다(4:4~6)

4:4~5 느헤미야는 문제에 부딪힐 때마다 언제든지 하나님께 기도를 드
렸다. 기도는 문제 해결 방법이었다. 산발랏이 비도덕적인 공격을 가해
올 때, 느헤미야는 그 즉시 하나님께 도움을 청했다. "우리 하나님이여 들
으시옵소서 우리가 업신여김을 당하나이다"(4절).

이것은 시편 기자의 간구를 연상케 한다. 시편 기자는 대적들이 자신
을 해하려 할 때 하나님께서 그들을 벌하시기를 간구했다. 느헤미야는
하나님께서 유대인들을 조롱하는 자들은 엄하게 책망하실 것을 간구했
다. 그는 산발랏과 그의 동지들이 포로가 되어서 그들이 저지른 죄의 대
가를 받게 해달라고 기도했다.

과연 이런 기도를 기독교인들은 어떻게 해석해야 할까? 특히 예수 그
리스도께서는 원수를 위해서 기도하라고 말씀하시지 않았는가(마 5:44.
참조, 롬 12:14, 20)? 그런데 느헤미야는 원수들이 벌을 받게 해달라고 기
도하고 있다. 이는 마치 기독교의 가르침과는 위배되는 것처럼 보인다. 우
리는 여기에서 몇 가지 사실을 유의해서 살펴보아야 한다. 첫째, 산발랏
과 그의 동료들이 유대인들을 조롱한 것은 하나님을 거역하는 일이다. 둘
째, 하나님께서는 이스라엘의 원수들에게 이미 심판을 선포하셨다. 느헤
미야는 하나님의 뜻, 즉 하나님께서 이스라엘을 원수들의 손에서 구원하
신다는 사실(수 1:5)에 따라서 하나님께 그러한 기도를 드렸다. 셋째, 느헤
미야는 하나님께서 아브라함에게 약속하신 것, 즉 아브라함을 저주한 자

느헤미야가 직면한 문제와 그가 보인 반응	
문제	느헤미야의 반응
1. 성벽이 파괴되고 성문은 소실됨 (1:2~3)	1. 슬퍼하며 기도하고(1:4) 백성들이 성벽을 재건하도록 촉구함(2:17~18)
2. 작업자들의 허위 사실에 대한 고소 (2:19)	2. 하나님께서 이스라엘 백성들로 반드시 승리케 하실 것이라고 확신(2:20)
3. 작업자들의 조롱(4:1~3)	3. 기도(4:4~5)와 행동(성벽 재건 사역에 더욱 열중함. 4:6)
4. 작업자들을 공격할 음모(4:7~8)	4. 기도와 행동(파수꾼을 곳곳에 배치함. 4:9)
5. 육체적으로 지치고 살해의 위험에 처한 이스라엘 백성들(4:10~12)	5. 백성들이 가족끼리 무기를 들고 경비하게 함 (4:13, 16~18). 또한 백성들을 격려함(4:14, 20)
6. 경제적인 위기와 탐욕(5:1~5)	6. 분노(5:6), 반성, 질책(5:7), 행동(백성들이 채무자들에게 이자를 반환토록 함. 5:7하~11)
7. 느헤미야를 암살하려는(최소한 해를 입히려는) 음모(6:1~2)	7. 협력하기를 거부함(6:3)
8. 느헤미야에 대한 중상모략(6:5~7)	8. 거부(6:8)와 기도(6:9)
9. 느헤미야를 속이려는 음모(6:13)	9. 협력하기를 거부함(6:11~13). 또한 기도 (6:14)
10. 도비야가 성전 창고에 들어감 (13:4~7)	10. 도비야의 가구를 밖으로 내어 던짐(13:8)
11. 성전 십일조와 제사를 드리지 않음 (13:10)	11. 질책(13:11절상)과 레위인들로 자신들의 위치를 지키게 함(13:11하). 또한 기도 (13:14)
12. 안식일에 장사를 함으로써 계명을 어김(13:15~16)	12. 질책(13:17~18), 파수꾼 배치(13:19), 기도 (13:22)
13. 통혼의 문제(13:23~24)	13. 질책(13:25~27), 범죄한 제사장의 직분을 박탈(13:28), 기도(13:29)

는 저주를 받게 된다는 약속(창 12:3)을 하나님께서 실행하시기를 기도했다. 넷째, 복수는 하나님께 속한 것이지 결코 느헤미야나 다른 신자들에게 속한 것이 아니다(참조, 신 32:35; 롬 12:19. 시편 서론, '시편의 신학' 항목).

4:6 기도를 마친 후에 느헤미야와 유대인들은 다시 성벽 재건 작업을 재개했다. 어떤 그리스도인들은 기도를 하고 난 후에 무슨 일이 일어나기를 기다린다. 그러나 느헤미야는 그러지 않았다. 그는 하나님과 인간의 관점 모두를 통해 문제를 바라보며 모든 노력을 다했다. 산발랏의 반대에 기도와 노력으로 맞섰으며 어떤 문제를 하나님께 의탁하고 나면 하나님께서 도우셔서 목표를 달성하게 해 주실 것이라는 사실을 굳게 신뢰했다. 기도하고 하나님을 신뢰하는 가운데 유대인들은 성벽을 반쯤 재건했다. 그들의 임무가 절반가량 달성되었다. 유대인들을 절망하게 만들어서 성벽 재건 작업을 중단시키려고 했던 산발랏과 도비야의 의도는 실패로 돌아갔다. 유대인들은 자신들을 실망시키려는 자들의 시도에 결코 말려들지 않고 그것을 극복했다. 유대인들은 꾸준함과 열정으로(자신들의 마음을 다해서) 일했기 때문에, 놀라울 정도로 짧은 시간에 성벽의 절반을 재건했다. 느헤미야는 유대인들이 52일 만에(일주일에 6일씩 약 8주간) 전체 작업을 완수했다고 뒤에 기록하고 있다(6:15). 이렇게 보면 그들이 반쯤 일을 끝내는 데 4주가량 걸린 것으로 보인다.

3. 산발랏의 음모(4:7~12)

4:7~9 유대인 작업자들이 너무 빨리 성벽 재건 작업을 진행해 나가자 그들의 적들에게는 큰 위협이 되었다. 그래서 그들은 매우 진노했다(참조, 4:1). 그들은 보다 분명하고 연합적인 행동을 취했다. 산발랏, 북쪽에서 온 사마리아인들, 도비야, 동쪽에서 온 암몬 사람들, 게셈(참조, 2:19), 남쪽에서 온 아라비아 사람들, 서쪽에서 온 블레셋 사람들, 아스돗에서 온 사람들이 동맹을 결성한 것이다. 그들은 모든 측면에서 예루살렘을 공격

하기로 계획을 세웠다.

적들의 동맹 정책에 대해서 유대인들 역시 일치된 자세로 대처했다. 유대인들은 다시 하나님께 구원을 간구하고 나서 이 위협적인 사태에 대처하기 위해 파수꾼을 세웠다.

4:10~12 하지만 문제는 자동적으로 해결되지는 않았다. 사실 건축자들은 몇 가지 새로운 문제에 직면했다. 그들은 육체적, 정신적으로 지친 상태에 있었고, 성벽 재건 작업은 끝이 없어 보였다(10절). 더구나 그들은 느헤미야가 알기에 결코 빈말이 아닌(12절) 은밀한 공격에 직면해 있었다 (11절).

4. 느헤미야의 전략(4:13~15)

4:13~15 느헤미야는 침투해 들어오는 적들의 위협에 대처하기 위한 새로운 전술을 세웠다. 그는 백성들 가운데 얼마를 선발해서 칼과 창, 활을 주어 성벽의 가장 아랫부분 뒤에 배치시켰다.

느헤미야에게 있어서 이것은 어려운 결정이었음에 분명하다. 온 가족 (여자들과 아이들을 다 포함해서)을 배치시키는 것은 특히 아버지에게는 커다란 압박이 되었을 것이다. 외부에서 공격해 들어올 경우, 그들은 가족과 함께 적과 맞서서 싸우는 것 외에는 다른 방법이 없었다. 하지만 느헤미야는 백성들이 목숨을 지키고 성벽을 재건하기 위해서는 그렇게 하는 것이 최상의 방법이라는 것을 알고 있었다.

분명히 이스라엘 백성들은 공포에 떨고 있었을 것이다. 그래서 느헤미야는 그들을 함께 모아서 당면한 상황에 용감하게 대처하도록 하고("두려

위하지 말고"[14절]), 위대하시고 놀라우신 하나님께서(참조, 1:5) 그들 편에 서서 대적들과 싸우시고 모든 이스라엘 백성들과 그 가족을 구원해 주실 것이라는 사실을 강조했다. 이스라엘 백성들의 대적들은 자신들의 예루살렘 공격 계획을 이스라엘 백성들이 알게 된 것을 알고 공격을 포기했다. 이스라엘 백성들은 작업을 계속 할 수 있었다.

5. 성벽을 재건하다(4:16~23)

4:16~18상 유대인들이 성벽 재건 작업을 계속하자 대적들은 좀 더 신중해졌다. 느헤미야는 백성들 가운데 절반은 일을 하게 하고, 나머지 절반은 창과 방패와 활과 무기들을 들고 파수하도록 했다. 아마도 그들은 성벽 주위를 둘러서 배치되었을 것이다. 몇 사람은 일하고 그 옆에 몇 사람이 무기를 들고 파수를 하는 식으로 일하는 사람의 인원수와 파수하는 사람의 인원수를 같이 해서 배치했을 것이다. 예루살렘의 관리들은 성벽 재건 작업에 직접 참여하지는 않았지만 일하는 사람들 뒤편에서 파수를 섰다는 기록이 있다. 일하는 사람들이 건축 재료인 벽돌과 역청을 나를 때는 한 손으로 나르고 다른 한 손에는 칼을 잡았다. 이것은 벽돌을 굽는 사람들이 그렇게 많지 않았다는 것을 의미한다. 이렇게 해서 외부의 공격에 대처하는 태세를 갖추었다.

4:18하~20 느헤미야는 거기에 덧붙여서 자신 옆에 나팔수를 대동했는데, 그 나팔수는 느헤미야가 일을 감독하기 위해서 가는 곳마다 따라다녔다. 만약 외부에서 적들이 공격해 오면 나팔수는 나팔을 불어서 백성들이 공격받는 장소로 집결하게 했다. 다시 느헤미야는 백성들을 격려하고

(참조, 2:20; 4:14) 하나님께서 이스라엘 백성들을 위해서 싸우신다고 말했다.

4:21~23 백성들은 아침부터 저녁까지 열심히 일했다. 성 밖에 사는 사람들은 집에 돌아가지도 않고 일을 했다. 밤에 예루살렘 밖으로 나가는 것은 대단히 위험한 일이었다. 매일 밤 몇 사람이 보초를 섰는데, 그들은 밤에 적이 공격해 올 경우를 대비해서 보초를 섰다. 그들은 일이 끝나고 나서도 옷을 벗지 않았으며 매시간 열심히 성을 파수했다.

F. 느헤미야가 내적인 문제들을 다루다(5:1-13)

어떤 사람들은 5장의 사건들이 성벽이 완전히 재건된 다음에 일어난 일이라고 말하기도 한다. 성벽이 완전히 재건되기 전에 대규모 회중을 불러모은 것(7절)은 성을 무방비 상태로 만들기 때문에 위험하며, 느헤미야는 성벽이 재건되기 전까지도 총독으로 임명되지 않았기 때문이라는 두 가지 이유를 제시한다. 하지만 16절을 보면 성벽 재건 작업이 계속되고 있었다는 것을 알 수 있다.

1. 발생된 문제들과 느헤미야가 첫 번째로 보인 반응(5:1~7상)

5:1~5 이때까지 느헤미야가 영적인 지도자로서 받은 도전은 주로 유대인이 아닌 이방인들로부터였다. 하지만 성벽이 거의 준공되어 갈 무렵 그

는 가장 어렵고 심각한 유형의 어려움, 즉 모든 영적인 지도자들이 때때로 맞게 되는 문제에 직면하게 되었다. 그것은 바로 내부에서 일어난 문제다. 느헤미야가 지도자로서 겪은 문제들은 산발랏과 도비야와 게셈아 아니라 그의 동족들인 유대인들에게 집중되었다. 당시에 네 가지 어려움이 있었다. 첫째, 예루살렘 거민들은 식량난에 허덕이고 있었다. 그들은 자신과 가족이 먹고 살기 위한 식량이 필요하다고 말했다(2절). 성벽에서 일하는 동안 그들은 농사일을 돌볼 수가 없었다. 그래서 수확을 할 수 없었고 이것은 기근을 불러일으켰다. 둘째, 수확을 하지 못한 사람들은 밭과 포도원, 집을 팔아서(3절) 그것으로 곡식을 살 수밖에 없었다. 셋째, 재산을 팔지 않으려는 사람들은 재산이 넉넉한 유대인에게서 돈을 빌려서 그것으로 아닥사스다 왕에게 세금을 바쳤다(4절). 그런데 돈을 빌려준 사람들이 엄청난 이자를 부과해서 문제를 더욱 복잡하게 만들었다.

이상의 세 가지 문제는 또 다른 문제를 야기했다. 빚을 진 유대인들은 부채를 갚기 위해서 자녀를 노예로 팔았다(5절. 참조, 출 21:2~11; 신 15:12~18). 당시 유대인들은 이러한 비참한 상황 가운데서 앞날에 대한 희망 없이 살아가고 있었다.

이러한 모든 어려움들이 유다 내부에서 위기를 일으켰다. 이것이 느헤미야에게 있어서는 이중적인 어려움이었다. 외부에서는 성벽 공사를 방해하는 적들이 호시탐탐 유대인들의 안전을 위협하고 있었고, 내부에서는 동족 간에 위화감이 조장되고 있었다. 유대인들은 외부의 적들의 압력 때문에 성벽 공사를 할 마음을 잃어버렸고(4:10~12), 육체적으로 이제는 힘이 고갈되었으며 두려움 가운데 지내야 했다. 그런데 설상가상으로 내부의 문제로 깊은 어려움에 처하게 되었던 것이다.

5:6~7상 느헤미야는 이러한 모든 문제에 대해서 제일 먼저 깊이 분노했다. 그는 이기적이고 자기중심적이며 탐욕스럽고 자비심이 없는 사람들에 대해서 직접적으로 화를 터뜨렸다. 어떤 사람들은 힘없는 동포에게 상처를 입히고 고통을 주며, 특히 가장 자비롭고 사랑이 많아야 할 사람들(귀족과 민장)이 오히려 재산 착취의 죄를 범하고 있었다.

느헤미야가 진노한 것은 확실히 올바른 것이었지만 그는 즉각적인 행동을 취하지는 않았다. 그 문제를 놓고 며칠을 생각하면서 마음을 가라앉히고 사실을 올바른 관점에서 보며, 어떠한 행동을 취해야 할 것인지를 결정했다(7절상).

2. 느헤미야의 대책(5:7하~11)

5:7하~9 느헤미야는 정서적인 안정을 회복한 다음 당면한 상황을 과감히 해결해 나가기 시작했다. 첫째, 느헤미야는 하나님의 백성에게 돈을 빌려주고 이자를 받지 말라고 하신 하나님의 계명(참조, 출 22:25; 레 25:35~38; 신 23:19~20)을 범하고 다른 사람의 고통에는 참여하지 않는 사람들을 책망했다. 둘째, 느헤미야는 대집회를 열고 유배 생활 중 동포인 유대인들을 개인적으로 도와주었던 사실을 언급하면서 탐욕스러운 자들의 행위를 지적했다. 느헤미야는 외국인들에게 노예로 팔리는 몇몇 유대인들을 돈을 지불하고 사서 그들을 구해주었다(참조, 레 25:47~55). 그런데 지금 그것과는 정반대의 일이 벌어지고 있다. 유대인들이 동포들을 노예로 팔고 있는 것이다.

하나님께서도 이를 책망하셨다. 이러한 비도덕적이고 비윤리적인 행위는 애굽인들의 압박과 바벨론의 포로가 되었던 상태에서부터 이스라엘을 구해 내신 하나님으로부터 당연히 질책을 받을 만한 것이었다. 느헤미야는 이스라엘 백성들에게 하나님을 경외하는(하나님을 두려워하고 섬기고 순종하는 것) 마음으로 살아갈 것을 권고했다. 그래서 윤리적이고 하나님을 기쁘시게 하며 형제를 돌보는 삶을 살라고 명령했다. 그럼으로써 이방인들의 비난을 피하라고 말했다.

5:10~11 느헤미야는 마지막으로 개인적인 행동을 취했다. 그는 문제를 해결하기 위해서 백성들에게 스스로 모범을 보였다. 같은 형제인 빈궁한 사람들을 돕기 위해서 그들에게 돈과 곡식을 빌려주고 이자를 받지 않았다. 그래서 느헤미야는 백성들이 자신의 행동을 본받아서 어려운 사람들을 돕기를 원했다. 느헤미야는 당시 백성들 사이에 일어나고 있는 금전 문제에 대해서 이미 어떤 대책을 수행하고 있었던 것이다. 느헤미야는 자신이 행하지 않은 일을 결코 다른 사람들에게 강요하지 않았다. 이것이 직면한 문제를 해결하는 열쇠가 되었다.

어떤 성경 번역자들과 주석자들은 느헤미야가 자신이 돈을 빌려주고 이자를 받은 죄를 인정하고 있다고 말하는데, 이것은 당시 그의 고귀한 지위와 그의 지도자로서의 인품, 그리고 귀족과 관리들을 책망한 그의 태도(5:7)로 미루어 보아 전혀 받아들일 수 없는 견해이다.

느헤미야는 돈을 빌려주고 이자를 받은 사람들에게 그들이 받은 이자를 돌려주라고 명령했다. 전당 잡힌 밭, 포도원, 감람원(감람원은 여기에 처음으로 언급되고 있다. 3~5절에는 언급되지 않았다), 집을 다시 되돌려 주고, 이자를 받는 것을 금하며 이자 받은 것을 다시 돌려주도록 했다. 이자는 원금의 100분의 1, 즉 1퍼센트였는데 이것을 매달 지불했다. 느헤미야는 유대인들에게 이러한 일을 즉각 시행하도록 함으로써 상황의 긴박

함을 강조했다.

3. 백성들의 반응(5:12~13)

5:12~13 느헤미야는 백성들이 자신의 권고를 받아들이는 것을 보고 흡족하게 생각했다. 하지만 자신의 말이 얼마 동안만 지켜지고 별로 효력을 발휘하지 못하자, 이자를 받은 귀족들과 민장들(참조, 7절)을 불러 서약을 하도록 하는 방법을 취했다. 제사장들은 그들이 서약하는 것을 지켜보았으며 서약의 증인이 되었다. 느헤미야는 만약 그들이 하나님께 거짓을 행한다면 어떤 악한 결과가 발생할 지를 생생하게 보여 주었다. 느헤미야는 (주머니 역할을 했던) 자신의 옷자락을 털며(참조, 사도행전 18장 6절의 바울의 행동), 만약 서약을 한 사람들이 자신이 한 서약을 어길 때는 그 주머니를 흔드는 것처럼 그들에게서 모든 것을 털어 버리실 것을 하나님께 간구했다. 이러한 행동은 발에 묻은 먼지를 털어 버리는 것과 같은 거부를 상징한다(마 10:14; 행 13:51).

G. 느헤미야가 총독으로 다스리다(5:14~19)

예루살렘 성벽이 재건되는 동안에 느헤미야는 유다의 총독으로 임명되었다. 이것은 당시 유다에서 가장 높은 직책이었다.

느헤미야는 예루살렘에서의 자신의 행적을 후에 기록했는데, 여기에 유다 최고 지도자로서의 자신의 위치에 대한 기록(14~19절)도 포함시켰다. 느헤미야가 그의 지도자로서의 당시 입장과 형편을 이곳에 기록한 것은 이 구절들이 5장 1~13절에 기록되어 있는 사건들과 관련이 있기 때문이다.

1. 총독으로서의 특권을 거부한 느헤미야(5:14~15, 17~18)

5:14~15 느헤미야는 유다의 총독으로 12년간 봉사했다. 즉 아닥사스다 왕 20년(BC 444년)에서 32년(BC 432년)에 이르는 기간에 유다를 다스렸다. 총독에 해당되는 히브리어 단어는 페하(פֶּחָה)인데, '파하투'(이 단어는 총독을 의미하는 페르시아어로 7:65, 70; 8:9; 10:1에 나온다)라는 단어에서 파생되었다. 총독이 되어서 누릴 수 있는 특권은 엄청나게 많았는데 그 가운데 하나가 바로 양식 제공이다. 이 양식은 공식적인 손님들을 접대하는 데 사용된 것으로, 페르시아 관리들에 의해 느헤미야에게 주어졌다. 하지만 느헤미야는 그가 당연히 받아야 할 것들마저도 받지 않았다. 유대인들을 위해서 음식을 준비하고 다른 나라에서 온 사람들을 접대할 때 (5:17)도 느헤미야는 자신의 재물로 음식을 마련했다. 이러한 느헤미야의 행동은 그전의 총독들과는 전혀 달랐다. 느헤미야 이전의 총독들은 술과 포도주, 식량 외에도 은 사십 세겔을 백성들에게 부과해서 받아 냈다. 심지어 총독의 시종들도 자신의 지위를 이용해서 백성들을 압제하고 금전을 요구했다. 느헤미야는 하나님을 경외했기 때문에 자신의 동족인 유대인들에게 과중한 금전적 요구를 할 수 없었다. 이것은 느헤미야의 탁월한 지도자 자질을 보여 주는 증거이다. 그는 자신보다 아래에 있는 사람들을 사랑했으며, 자신의 지위를 이용해서 그들에게 과중한 세금을 부과하지 않았다.

5:17~18 느헤미야는 이름이 밝혀지지 않은 유대인 150명에게 음식을 제공했는데 그들 가운데 몇몇은 관리들이었다. 그들에게 식사를 제공하기 위해서는 하루에 소 한 마리, 양 여섯 마리와 많은 닭이 필요했다. 이것은 대단한 양이었다. 그럼에도 불구하고 느헤미야는 유대인들을 괴롭히기보다는 자신의 사유재산을 털어서 그것으로 경비를 충당했다.

2. 자신의 무죄를 주장한 느헤미야(5:16, 19)

5:16 느헤미야는 총독이었기 때문에 백성들에게 자금을 빌려주고 이것으로 세금을 내도록 하고 그들의 땅을 담보로 잡을 수 있었다. 그리고 돈을 빌려간 백성들이 지불할 수 없게 되었을 때는 느헤미야가 당시 고대 근동 세계의 관습대로 땅을 취할 수도 있었다. 그는 이전과 그 당시의 유대 지도자들처럼 가난한 자들을 착취할 수도 있었다. 하지만 그는 이런 방법으로 어떤 땅도 취하지 않았다. 그리고 강제로 구매하지도 않았다. 느헤미야는 어떤 이유에서든 총독이라는 자신의 지위를 남용하지 않으려고 노력함으로써 백성들의 존경을 잃지 않았다. 실제로 느헤미야는 백성들과 더불어서 성벽 재건 작업을 올바른 방법으로 진행하고 있었다. 그는 중요한 공사를 할 때는 자신의 손을 더럽히는 것을 주저하지 않았다. 그리고 다른 것에 시선을 돌리지도 않았다. 느헤미야는 오직 성벽 재건에 총력을 기울였다. 그는 예루살렘에서 백성들을 압제하는 대신 오히려 그들을 도왔다. 느헤미야는 예루살렘에서 하나님의 율법을 몸소 실천했으며 하나님의 율법을 파괴시키지 않았다. 그리고 이러한 그의 모든 선행은 성벽을 재건하기 위한 것일 뿐 결코 자신의 아성을 쌓으려고 한 것은 아니었다.

5:19 느헤미야는 기도의 사람이었는데 이것은 그가 하나님과 밀접한 교제를 나누고 있었음을 보여 준다. 느헤미야는 자신이 백성들에게 깊은 관심을 보여 주었기 때문에 하나님께서 이를 보시고 자신을 기억해달라고 (다시 말하면, '느헤미야의 편에서 역사하시기를') 기도했다. 느헤미야의 기도 가운데 일곱 번의 기도가 느헤미야서에 기록되어 있다(19절; 6:14(두 번); 13:14, 22, 29, 31). "모든 일을 기억하사 내게 은혜를 베푸시옵소서"라고 간구하는 것은 그가 느헤미야서의 마지막 부분에서 하나님께 드린 기도와 같다(13:31).

H. 자신을 반대하는 사람들에 대한 느헤미야의 반응(6:1~14)

1. 첫 번째 음모: 느헤미야 암살 기도(6:1~4)

6:1~3 산발랏, 도비야, 게셈(참조, 2:19), 그리고 그들의 동료들인 성벽 공사 방해자들은 성벽 공사가 완성되었고 성문의 문짝을 다는 작업만 남았다는 사실을 전해 듣고는, 다시 유대인들의 작업을 중지시킬 생각을 했다. 그들은 지난 번보다 더욱 교활하게 계획을 세웠다. 그들의 유일한 공격 대상은 바로 느헤미야였다. 그들은 느헤미야를 제거하거나 아니면 최소한 유대인들이 느헤미야를 신뢰하지 않게 함으로써 성문 공사를 중지시키기로 했다. 방해자들이 느헤미야에게 취한 세 번의 공격은 각기 다른 것이었지만, 공통점은 느헤미야의 생명을 위협하거나 아니면 지도자로서의 느헤미야의 자질을 불신하도록 했다는 데 있다.

그들은 치밀하게 계획을 세웠다. 산발랏과 게셈은 느헤미야를 방문하고 오노 평지의 한 마을에서 그들과 만날 것을 제의했다. 오노 평지는 '오노'라고 하는 마을의 이름을 따서 붙여졌다(참조, 대상 8:12; 스 2:33; 느 7:37; 11:35). 오노는 롯 근처에 있었는데, 예루살렘에서 북서쪽으로 약 40킬로미터 떨어져 있었다. 그리고 욥바에서는 남동쪽으로 10킬로미터쯤 떨어진 곳에 위치하고 있었다. 에스라 2장 주석의 '포로기 이후의 사마리아와 유다' 지도에서 나타나는 것처럼 오노는 사마리아, 즉 산발랏이 통치하고 있는 지역의 국경 근처에 있었다. 겉으로 보기에 그들의 이 초청은 산발랏과 그의 동료들이 느헤미야와 평화조약을 맺으려는 것 같지만, 실상은 느헤미야를 해치려는 의도가 내포되어 있었다.

느헤미야는 그들의 이러한 악한 계획을 알아차렸다. 그들은 왜 느헤미야에게 예루살렘을 떠나서 하룻길 여행을 하도록 했을까? 만약 느헤미야가 예루살렘을 떠나면 성문 공사를 감독할 수 없을 뿐 아니라, 느헤미야가 오노에 이르면 수적으로 우세한 산발랏이 느헤미야를 해칠 수 있었기 때문이다. 느헤미야는 적들이 어떤 생각을 갖고 있었는지 정확히 헤아릴 수는 없었지만, 그들의 계획이 얼마나 진실한 것인지 알아보고자 했다. 그는 사자들을 그들에게 보내서 느헤미야는 '큰 사역'(중요한 사역)을 감독하고 있기 때문에 한시도 예루살렘을 떠날 수 없다고 전하도록 했다. 느헤미야가 이러한 방법을 택한 것은 산발랏 일당의 의도를 공개적으로 파악하려고 했던 것은 아니다. 사실 느헤미야는 산발랏에게 그들이 진정으로 평화를 원한다면, 그들이 자신들의 뜻에 아무런 거짓이 없다는 것을 증명할 기회를 주었던 것이다.

6:4 산발랏과 게셈은 하루가 멀다 하고 초청장을 보냈다. 느헤미야를 예

루살렘에서 만나는 선택지는 전혀 고려하지 않고 네 번이나 동일한 메시지를 보냈는데, 느헤미야 역시 네 번 모두 동일한 거부의 메시지를 보냈다.

느헤미야는 산발랏의 거짓된 평화 제의를 간파하고 있었기 때문에 세 번째 아니면 네 번째 답장에서 그들의 저의를 공격할 수도 있었을 것이다. 하지만 느헤미야는 인내하면서 그들이 스스로 음모를 드러내기를 기다렸다. 느헤미야의 인내에는 보람이 있었다. 그들은 두 번째 단계의 음모를 내포한 다섯 번째 편지를 보내면서 자신들이 원래 세웠던 음모를 드러냈다.

2. 두 번째 음모: 비방(6:5~9)

6:5~7 적들은 느헤미야가 결코 예루살렘을 떠나지 않을 것을 알았다. 느헤미야가 그들을 만나려 하지 않자 산발랏 일당은 다른 방법을 강구했다. 그들은 느헤미야에게 압력을 넣어서 그가 오노 평지에 와서 자신들과 만나도록 촉구했다. 산발랏은 자신의 종자에게 봉하지 않은 편지를 느헤미야에게 보냈다. 산발랏은 느헤미야가 스스로 유대인의 왕의 자리에 오르려 하고 있으며, 이것이 아닥사스다 왕에 대한 직접적인 공격이 될 것이라는 소문이 났다고 편지에 썼다.

이 편지는 몇 가지 점에서 매우 간교하다. 첫째, 산발랏 일당은 그 편지를 통해 마치 자신들이 느헤미야의 안전을 진심으로 염려하고 있는 것처럼 보이고자 했다. 그들은 이 소문을 느헤미야에게 전한 것은 느헤미야를 보호하기 위해서라고 편지에 이유를 밝혔다. 둘째, 그들은 느헤미야에게 그러한 말을 전함으로써 느헤미야가 공포에 떨게끔 하려고 했다. 이것이 그들의 근본적인 목적이었다. 셋째, 그 편지에는 몇 가지 사실이 포함되어 있었다. 당시 예루살렘에 거주하고 있던 유대인 지도자들은 느헤미야의 출현을 '메시야-왕'의 오심에 관한 구약성서의 예언의 성취로 해석했다.

6:8~9 느헤미야는 그들에게 담대하게 답장을 썼다. 답장을 통해 자신이 하나님을 신뢰하고 있다는 점을 분명하게 알렸다. 느헤미야는 자신에 대한 고소를 과감히 거부했다. 느헤미야는 유대인들에게 산발랏의 편지가 그들을 공포에 떨게 함으로써, 성벽 재건 사역이 아닥사스다 왕의 진노를 불러 일으킬지도 모른다고 생각하게 만들기 위함이라고 설명했다. 그러고 나서 느헤미야는 평소에 했던 것처럼 기도하며 하나님께 역사해 주실 것을 간구했다.

3. 세 번째 음모: 변절자 스마야(6:10~14)

6:10 느헤미야가 산발랏 일당의 음모를 지혜롭게 대처해 나가자, 그들은 느헤미야를 성전 안으로 불러들여서 느헤미야의 신뢰성을 파괴할 계획을 세웠다. 그들은 예루살렘에 거주하고 있는 '스마야'라고 하는 사람을 고용해서 그가 느헤미야에게 해결을 제안하도록 했다. 스마야는 자신이 예언자가 되었다고 선포하고서 의도적으로 자신의 방문을 걸어 잠그고 두문불출 했는데, 마치 병에 걸려서 쇠약해진 것처럼 보였다. 그런 다음 스마야는 느헤미야에게 사람을 보내서 자신에게 방문해 달라고 청했다. 아마도 스마야는 느헤미야의 호기심을 불러일으킬 만한 위급한 상황을 연출한 것으로 보인다.

스마야는 느헤미야가 신뢰하는 사람이었을 것이다. 느헤미야가 자신이 신뢰하지 않는 사람을 은밀하게 만난다는 것은 이치에 맞지 않기 때문이다. 느헤미야가 스마야를 찾아오자, 스마야는 느헤미야에게 성전으로 들어가서 문을 걸어 잠그고 있는 것이 좋겠다고 말한다. 그는 이렇게 함으로써 밤중에 일어날지도 모르는 암살 위험에서 벗어날 수 있다고 느헤미야에게 말했다.

6:11~14 느헤미야는 스마야의 예언에서 두 가지 잘못된 점을 발견했다. 첫째, 하나님께서는 성벽 재건이 거의 끝나 가는 시점에 결코 느헤미야에게 도망치라고 말씀하시지 않으실 것이다. 둘째, 참된 예언자라면 다른 사람이 하나님의 율법을 범하도록 만들지 않는다. 율법에 의하면 성소에는 오직 제사장들만 들어갈 수 있었다(민 3:10; 18:7). 만약 제사장이 아닌 느헤미야가 성전에 들어간다면, 그는 성전을 더럽히는 것이 되고 하나님의 심판을 피할 수 없을 것이다. 느헤미야는 하나님의 율법을 범하면서까지 원수들로부터 자신의 목숨을 구할 생각은 없었다. 느헤미야는 스마야가 거짓 예언자이며 도비야와 산발랏에 의해서 고용되어 자신을 속이려고 한다는 것을 알아차렸다. 만약 총독이 성전에 들어가서 거기서 거주한다면 백성들은 그가 하나님의 계명을 범했다고 생각할 것이다. 다시 느헤미야는 하나님께 기도를 드렸다. 그는 스마야를 시켜서 자신을 범죄케 하려고 한 산발랏과 도비야를 기억하시고(참조, 5:19 주해) 그들이 세운 악한 계획대로 심판해 달라고 기도했다. 느헤미야는 기도 중에 자신을 해하려고 했던 거짓 예언자들을 말하면서 여선지자 노아댜를 포함시킨다. 노아댜는 이곳에서만 언급된다.

6:15~19 마침내 성벽 재건 작업이 완료되었다. 공사를 시작한 지 52일째 되는 엘룰월 25일, 즉 9월 20일경에 작업이 끝났다. 재건 공사는 7월 하순에 시작해서 9월에 이르러서 마치게 되었다. 그 전 해의 11월, 12월(기슬르월)에는 느헤미야가 예루살렘의 소식을 듣고(1:1) 3, 4월(니산월)에 왕에게 자신의 생각을 표명했다(2:1). 앞에서 살펴본 대로, 예루살렘으로 가는 여정은 2개월 내지 3개월이 소요되었다(즉 4월이나 5월에 출발하면 6~7월에 도착했다). 이렇게 보면 예루살렘으로 가는 여정이 예루살렘 성벽 재건 작업보다 더 많은 시간을 요했다.

성벽 재건 작업을 방해하는 적들은 그 공사를 중지시킬 수 있다고 자만했으나, 성벽 공사가 하나님의 도우심으로 완공되자 그들의 자만은 땅에 떨어지고 말았다. 하나님을 대적하면서 그들은 결국 질 수밖에 없는 싸움을 해왔던 것이다. 암몬 사람인 도비야(참조, 2:10, 19)가 유대 내부와 내통할 수 있었던 것은 그가 유대인들과 맺은 다음 두 가지 관계에 의해서이다(참조, 13:4). 그의 장인은 아라의 아들인 스가냐였다(참조, 2:5). 그리고 그의 며느리는 베레갸의 아들인 므술람의 딸이었는데, 므술람은 성벽을 두 군데 중수했다(3:4, 30). 그런 관계로 많은 유대인들이 도비야에게 충성을 보였다. 그들은 아마도 도비야와 상업적인 관계를 맺고 있었던 것으로 보인다. 그래서 느헤미야에게 도비야에 대하여 좋게 말했지만 도비야는 느헤미야에게 편지를 보내 느헤미야가 겁에 질리게 만들고자 했다.

Ⅱ. 백성들의 회복(7~13장)

A. 예루살렘의 안전(7:1~3)

7:1~3 예루살렘의 유대인들은 성벽을 재건하고 나서 성문도 보수했다. 마지막으로 성문에 문짝을 다는 일이 남았다(참조, 6:1). 하나냐는 느헤미야의 아우뻘 되는 사람으로, 느헤미야가 아닥사스다 왕의 술 맡은 관원으로 있을 때 그에게 예루살렘에 대한 소식을 전해 주었다(1:2). 하나냐는 고귀한 인격의 소유자였으며 깊은 영적인 확신을 갖고 있었다. 느헤미야는 적들이 아직도 자신들을 둘러싸고 있다는 것을 알고 성을 더욱 철저히 경비하도록 지시했다. 예루살렘 성문은 극히 제한된 시간에만 열게 했다. 그리고 성벽 재건 작업자들이 태반인 시민들이 성을 파수하게 했다.

B. 귀환자들에 대한 인구조사(7:4~73상)

7:4~7상 주변과 비교해 보면, 당시 예루살렘에는 극히 소수의 사람들이 거주하고 있었다(4절). 그래서 느헤미야는 순수한 유대인의 혈통을 지닌 사람들만 예루살렘에 거주하도록 했다(참조, 11:1~24). 당시 인구를 조사하고 기록하면서, 느헤미야는 먼저 스룹바벨과 함께 귀환한 사람들의 명단을 작성하기 시작했다(5~7절). 7절에 언급된 이름들은 에스라 2장 2절

의 명단과 일치하는데, 느헤미야가 여기에 아사랴와 라아먀를 포함시키고 있다는 점만 다르다.

7:7하~65 몇몇 학자들은 에스라 2장에 기록되어 있는 명단은 그들이 바벨론을 떠나기 이전의 것이고, 느헤미야 7장의 명단은 실제로 예루살렘에 도착한 사람들의 명단이거나 그들이 도착하고 얼마 지난 다음에 이루어진 공동체의 명단일 것으로 추정한다. 하지만 두 기록상 명단은 이러한 차이를 전혀 보이지 않는다. 명단에 나타난 차이는 '에스라 2장과 느헤미야 7장에 기록된 포로 귀환자들의 명단' 도표에 잘 나타나 있다. 귀환자 명단에는 모두 열여덟 가족이 언급되어 있다(8~25절). 그리고 20여 개의 마을에 거주하고 있는 거주자들의 명단이 기록되어 있다(26~38절. 참조, '포로기 이후의 사마리아와 유다' 지도). 그런 다음 제사장들(그들 중 4,289명)이 기록되어 있다(39~42절). 그런 후 노래하는 자들과 성전 지키는 자들을 포함해서 모두 360명의 레위인이 언급되고 있다(43~45절). 성전에서 일하는 하인들(46~56절)과 솔로몬의 종들의 후예들(57~59절)은 392명이었다(60절). 그리고 선조들을 알 수 없는 기타의 귀환자들이 모두 642명이었다(61~62절). 제사장들 가운데 몇몇은 조상이 누구인지 정확히 밝혀지지 않아서, 총독(세스바살 [참조, 스 1:8 주해] 또는 스룹바벨을 가리키는 것으로 보인다)은 한 제사장이 우림과 둠밈과 함께 백성들을 지도하기 전까지는 제사장들이 성스러운 음식을 먹지 못하도록 했다(스 2:63 주해).

8~62절에 밝힌 귀환자는 모두 31,089명인데, 에스라 2장 3~60절에 나오는 귀환자는 모두 29,818명이다. 41개 가문들 가운데 열아홉 가문의 숫자에서 차이가 나는데, 총 1,271명의 차이다. 이러한 차이는 필사자들

에스라 2장과 느헤미야 7장에 기록된 포로 귀환자들의 명단			
가족 계보	에스라 2:3~60	느헤미야 7:8~62	차이점
바로스	2,172	2,172	
스바댜	372	372	
아라	775	652	-123
바핫모압	2,812	2,818	+6
엘람	1,254	1,254	
삿두	945	845	-100
삭개	760	760	
바니(빈누이)*	642	648	+6
브배	623	628	+5
아스갓	1,222	2,322	+1,100
아도니감	666	667	+1
비그왜	2,056	2,067	+11
아딘	454	655	+201
아델	98	98	
베새	323	324	+1
요라(하립)*	112	112	
하숨	223	328	+105
깁발(기브온)*	95	95	
거주 현황			
베들레헴, 느도바	179	188	+9
아나돗	128	128	
아스마웻(벧아스 마웻)*	42	42	
기럇 여아림, 그비라, 브에롯	743	743	
라마, 게바	621	621	
믹마스	122	122	

벧엘, 아이	223	123	-100
느보	52	52	
막비스+	156	-	-156
엘람(다른 인물)	1,254	1,254	
하림	320	320	
로드, 하딧, 오노	725	721	-4
여리고	345	345	
스나아	3,630	3,930	+300
제사장들			
여다야	973	973	
임멜	1,052	1,052	
바스훌	1,247	1,247	
하림	1,017	1,017	
레위사람들	74	74	
노래하는 자들 아삽	128	148	+20
문지기들	139	138	-1
느디님 사람들	392	392	
들라야, 도비야, 느고다 자손	652	642	-10
총 계	29,818	31,089	+1,271

* 괄호 안에 있는 이름은 에스라서와는 다르게 기록된 느헤미야서의 이름이다.
　여기서의 이름이나 수는 느헤미야서에 기록된 명단의 필사자가 실수를 범한 것일 수 있다.

의 실수에서 기인한 것이거나, 또는 에스라와 느헤미야가 알려지지 않았
거나 기록되지 않은 인물들의 정보를 각각 기록한 것으로 보인다.

7:66～69 느헤미야는 당시 예루살렘에 거주하고 있던 사람의 수를
모두 49,942명으로 집계했는데, 에스라가 기록하고 있는 49,897명(스

2:64~65)과 크게 다르지 않다. 느헤미야가 제시한 수치가 에스라의 수치보다 45만큼 더 많은데, 이는 노래하는 자들의 수에서 온 차이다(에스라는 200명, 느헤미야는 245명으로 기록하고 있다). 그리고 느헤미야서의 필사자가 실수로 68절에 있는 245명을 67절의 노래하는 자들의 수로 잘못 알고 기록했을 수도 있다. 68절에는 노새의 숫자가 245마리로 되어 있다. 그리고 필사자가 68절을 실수로 삭제한 것으로 보인다(NIV 난외주). 이렇게 보면 느헤미야가 제시한 수치는 에스라가 기록한 49,897명과 같아진다.

하지만 31,089명과 49,897명에서 오는 18,808명의 차이는 어떻게 설명할 수 있을까. 49,897명에는 여자와 아이들이 포함되어 있을 것으로 추정된다. 그렇지 않으면 유다와 베냐민의 남은 자들과 합류했을지도 모르는 북쪽 지파들에서 온 유대인들이 포함되었을 가능성이 있다. 또 한 가지 가능성은 족보를 분명히 알 수 없는 제사장들의 수가 포함되었을 수도 있다(63~64절).

느헤미야는 심지어 동물들의 숫자까지도 자세히 밝히고 있다. 동물들의 수는 모두 8,136마리이고 대부분이 나귀인데, 이 나귀들은 사람들이 타는 용도로 사육되었다. 나귀의 수치를 봤을 때 당시 일곱 사람에 나귀 한 마리 꼴이었다.

7:70~72 족장들과 방백들, 그리고 백성들은 성전을 재건하기 위해서 엄청난 양의 돈과 재료를 바쳤다. 에스라가 금 61,000드라크마라고 기록한 데 반해(스 2:69) 느헤미야는 금이 모두 41,000드라크마라고 기록했다. 느헤미야는 은이 모두 4,200마네(2와 1/2톤보다 더 많은 양. 참조, NIV 난외주)라고 했는데, 이에 비해서 에스라는 은이 5,000마네였다고 기록하고 있다. 느헤미야는 제사장들의 의복이 모두 597벌이었다고 하는데 비해 에

스라서에는 100벌로 기록되어 있다. 이러한 차이는 필사자들이 실수를 범했기 때문에 일어난 것으로 보인다.

7:73상 백성들은 이제 모든 사역을 마치고 조상들의 마을과 성으로 돌아갔다.

C. 에스라의 사역(7:73하~10:39)

1. 이스라엘 백성들이 율법에 복종하다(7:73하~8:18)

7장 73절하에서 10장 39절의 유형은 고대 근동의 종주권 조약과 유사하다(참조, 9:5절하~31 주해). 하나님과 맺은 계약이 정기적으로 얽혀지고(8장) 백성들은 죄를 고백하며(9장) 복종하겠다는 약속을 했다(10장).

7:73하~8:9 7월이 되자 이스라엘 백성들은 자신들의 성읍에 거주하게 되었다(참조, 7:73상). 이스라엘에서 7월은 9~10월이다(참조, 출 12:1, '이스라엘의 달력' 도표). 그런 다음에 백성들은 수문 근처, 즉 동쪽 성벽 근처(참조, 3:26; 3:1, '느헤미야 시대의 예루살렘' 지도)에 모여서 학사(참조, 8:4, 9, 13; 12:26, 36)이며 제사장(8:2, 9; 12:26)인 에스라가 모세의 율법(모세의 다섯 권의 책)을 읽고 가르치는 것을 들었다.

에스라는 BC 458년에 예루살렘에 돌아왔다. 에스라는 느헤미야보다 14년 먼저 귀환했는데, 그 역시 아닥사스다 왕의 축복을 받고 귀국했다

(스 7장). 그가 본국에 돌아온 주된 목적은 유대인들에게 하나님의 율법을 가르치기 위한 것이었다.

에스라서 7장 6, 11~12, 21절을 보면 에스라는 학사라고 되어 있다. 물론 에스라와 느헤미야는 동시대 인물이다(참조, 느 12:33, 36). 에스라는 아론의 셋째 아들인 엘르아살의 후손인데, 이것은 에스라 7장 1~5절 주해에 있는 '에스라의 계보'에 잘 나타나 있다.

에스라가 예루살렘에 도착해 보니 거주하고 있던 백성들의 도덕적, 영적 상태가 말이 아니었다(스 9:1~4; 10:2, 10). 하지만 그가 하나님께 열심히 기도하면서 하나님의 말씀을 그들에게 전하자 백성들은 하나님의 말씀에 응답하기 시작했고 그 법에 순종하기 시작했다. 그런 후 몇 년이 지나자 느헤미야가 예루살렘에 도착해서, 예루살렘의 거민들에게 하나님께서 성벽을 재건할 수 있도록 그들을 도와주실 것이라고 하는 사실을 확신 있게 말했다.

에스라의 사역은 백성들의 행동을 변화시키는 데 기여했는데 그 효과가 성벽 공사가 끝난 다음에도 지속되었다. 두 달 예정의 성벽 재건 공사 계획은 에스라의 가르침의 '서곡'이었는데, 백성들은 성벽 공사를 하면서 하나님의 율법을 보다 더 분명하게 알고자 하는 마음을 갖게 되었음이 분명하다. 그들은 스스로 에스라에게 나아와 자신들과 함께하면서 가르치는 사역을 계속해 줄 것을 간청했다(1절). 이날은 7월 1일 나팔절이었다(레 23:24; 민 29:1). 이해력을 가진 성인과 청년들(8:2~3)은 매일 아침마다 수문 곁에 모여서 에스라의 가르침을 경청했다(참조, 1절).

강단 위에 서서 백성들을 내려다보면서 에스라는 모세의 율법을 읽어나갔다. 에스라가 율법을 읽는 동안 13명의 사람들(아마도 제사장[참조, 7절]인 것으로 보인다)이 강단 위 에스라 옆에 서 있었다. 에스라가 율법을 읽는 동안 백성들은 계속 서 있었다(5절). 율법서를 읽는 것이 끝나자 에스라는 위대하신 여호와 하나님을 찬양했다(참조, 1:5; 4:14).

에스라가 성경을 읽고 또 하나님을 찬양할 때 보여 준 백성들의 반응은 학사이자 제사장인 에스라에게는 대단한 감동을 불러일으키는 경험이 되었음이 분명하다. 백성들은 하늘을 향해서 손을 들어 올리고 하나님의 말씀을 받아들인다는 것을 표현하면서 '아멘 아멘'을 소리 높이 외쳤다. 그러고 나서 그들은 무릎을 꿇고 온몸을 낮추고 경배하면서 여호와께 예배를 드렸다(8:6).

느헤미야는 에스라와 레위인들이 3만~5만 명(7:66~67)으로 추정되는 대군중을 모아 놓고 하나님의 말씀을 읽고 설명해 준 이유가 무엇인지는 정확히 밝히지 않고 있다. 에스라는 백성들 앞에 서서 모세의 율법을 읽었을 것으로 보인다(3절). 그리고 레위인들은 백성들 가운데 서서 그들에게 율법의 내용을 명확하게 해주고 (파라쉬[פָּרַשׁ], '분명하게 하다, 해석하다'는 뜻으로, 여기서는 '번역하다'는 의미로 사용되었을 가능성이 있다) 백성들이 서 있는 동안에 에스라가 읽은 것(그것의 의미)을 설명해 주었다(7~8절).

물론 그러한 과정에서 일어난 가장 기쁜 일은 바로 백성들이 하나님의 말씀에 복종했다는 것이다. 백성들은 하나님의 말씀을 듣고 다 울음을 터뜨렸다. 하나님의 말씀이 그들의 마음을 움직였던 것이다(9절). 그들은 과거에 자신들이 율법을 어기고 살아온 것을 통회하고 죄를 참회했다.

8:10~18 그런 다음 느헤미야는 백성들에게 그날이 성스러운 날임을 주지시키고 빈궁한 사람들에게는 필요한 것을 주며, 그들의 힘의 근원이신 여호와 안에서 즐거움을 누리도록 격려했다. 경건함과 기쁨이 한 곳에 어

우러졌다.

그 다음날, 영적인 지도자들(족장[각 지파장], 제사장, 레위인)은 모여서 에스라가 낭독하는 하나님의 말씀을 계속해서 들었다. 백성들은 그 말씀을 듣고서 초막절을 기념했다. 8장을 보면 놀라움을 금할 수 없다. 그들은 하나님의 말씀에 지적인 반응(8:1~8)과 감정적인 반응(8:9~12), 또한 결단력 있는 반응을 보였다(13~18절).

영적인 지도자들은 그 축제에 대한 가르침이 레위기 23장 37~43절에 기록되어 있는 것을 알게 되었다. 초막절은 7월(티슈리월) 15일부터 22일까지 실시되었다. 그들이 이러한 규정을 7월 2일에 알게 되었기 때문에 (8:2, 13) 시기적으로 적절했다. 그들은 남은 두 주 동안 축제를 준비할 수가 있었다. 그래서 그들은 여러 가지 나뭇가지를 가지고(15절) 여러 곳에, 특히 에브라임 문 광장(참조, 3:1, '느헤미야 시대의 예루살렘' 지도)에 초막(일시적인 거처)을 지었다. 이러한 작업은 광야 생활을 회상시킨다(레 23:43). 초막절은 여호수아 시대 이후로 행하지 않았다. 제단이 BC 536년에 완성되었고 백성들은 초막절을 기념했다(스 3:4). 오랜 기간 동안 지켜지지 않다가 거행되었기 때문에 백성들의 기쁨은 이루 말할 수 없었다. 그래서 백성들은 그 행사에 열렬히 참여했다. 에스라는 장막절 동안에 율법을 낭독했는데, 그 이유는 매 7년마다 그렇게 하도록 모세가 명령했기 때문이다(신 31:10~13).

2. 이스라엘 백성들이 죄를 고백하다(9:1~37)

하나님의 말씀은 돌아온 유대 공동체에 엄청난 영향을 미쳤다. 그 말씀은 그들의 죄를 보여 주었으며(8:9) 하나님께 예배하도록 하고(8:12, 14)

또한 그들에게 커다란 기쁨을 주었다(8:17. J. Carl Laney, *Ezra/Nehemiah*, P. 104). 하나님의 말씀은 이스라엘 백성들이 자신들의 죄를 고백케 했다.

9:1~5상 초막절은 그달 22일까지 거행되었다(참조, 8:14 주해). 23일에 단 하루의 휴일을 가진 다음 백성들은 24일에 다시 모였다. 그들은 이방인들과 절교했다(참조, 10:28). 그리고 나서 자신들의 죄를 고백했으며 죄의 고백의 표시로서 금식을 하고(참조, 1:4 주해), 굵은 베 옷을 입고(참조, 창 37:24; 에 4:1~4; 시 30:11; 35:13; 69:11; 사 22:12; 32:11; 37:1~2; 애 2:10; 단 9:3) 염소 털로 짠 거친 옷을 입고 머리에 먼지를 뿌렸다(참조, 수 7:6; 삼상 4:12; 삼하 1:2; 15:32; 욥 2:12; 애 2:10; 겔 27:30). 이러한 행동들은 모두 통곡과 비애의 표시다.

백성들은 거의 세 시간 동안 서서 낭독되는 율법을 들었다(참조, 8:7). 그런 다음 세 시간 동안 자신들의 죄를 고백하고 여호와께 예배를 드렸다. 8장 7절에 언급되어 있는 사람들 가운데 몇몇 레위인들은 백성들이 영원하신 하나님을 찬양하도록 인도하는 역할을 맡았다. 9장 4절에 언급되어 있는 8명의 레위인들 가운데 5명은 5절에 있는 8개의 그룹들 가운데 일부이다(브다히야는 11장 24절에 다시 언급된다). 이 다섯 그룹들은 같은 사람일 수도 있고 아니면 다른 사람일 수도 있다. 한 그룹은 부르짖는 것과 관련이 있다(4절). 그리고 다른 하나는 찬양과 관련이 있다(5절). '단'(문자적으로 '올라가 있는')은 성전의 일부이거나 아니면 8장 4절에 언급한 강단일 수도 있다.

9:5하~31 9장 5절하에서 10장 39절까지의 기록은 고대 근동에서 사용한 일반적인 계약 양식을 따르고 있다. 서문(9:5하~6), 역사적인 서언

(9:7~37), 계약의 수용(9:38~10:29) 그리고 조약들(10:30~39)로 이루어져 있다. 9장 5절하에서 31절까지의 기도는 레위인들이 백성들을 위해서 한 기도이다. 이 레위인들의 기도에는 이스라엘의 역사 속에서 일어난 주요 사건들을 반영하고 있다. 먼저 하나님의 영광을 말하고(5절하) 유일하심(6절상), 우주의 창조(6절하)를 말한다. 그런 후 레위인들은 하나님께서 아브라함과 함께 사역하심을 말한다. 아브라함을 우르에서 부르시고(창 12:1) 아브라함과 계약을 맺으셨다(창 15:4~21). 이러한 사실들을 말하고 나서, 레위인들은 하나님께서 이스라엘을 애굽에서 구원해 내신 것(9~12절. 참조, 출 1~15장), 율법을 주신 것(13~14절), 만나(하늘에서 내린 떡)와 물을 주신 것(15절. 참조, 출 16~17장)을 말한다. 하나님께서 자신의 손을 높이 들고 서약을 하셨다는 것에 대해서는 출애굽기 6장 8절 주해를 보라.

하지만 이스라엘의 선조들은 하나님께 불복종하고 하나님을 거역했으며 심지어 황금소를 만들어서 경배할 정도였다(16~18절. 참조, 출 32장). 하나님께서는 그럼에도 자비하시고 긍휼하시며, 노하기를 더디하시고 사랑이 풍부하셔서 이스라엘을 멸하지 않으셨다(참조, 출 34:6; 민 14:18; 시 86:15; 103:8; 145:8; 욜 2:13; 욘 4:2). 하나님께서는 계속해서 이스라엘 백성들을 인도하시고 가르치셨다. 그리고 그들을 위해서 모든 것을 예비해 주셨다(19~21절). 하나님께서는 이스라엘을 도우셔서 그들이 자신들의 적인 시혼과 옥을 정복케 하셨다(22절. 참조, 민 21:21~35). 또한 이스라엘 백성들이 여호수아의 인도 아래 약속의 땅으로 들어갈 수 있도록 하셨다(23~25절). 이러한 모든 사건들 속에서 그들은 하나님의 위대하신 선하심을 찬양했다(참조, 9:35)

그러나 다시 이스라엘 백성들은 하나님을 배반했다(26절. 참조, 17

절). 그래서 하나님께서는 그들이 적들의 압제를 받도록 하셨다. 하지만 하나님께서는 자신의 크신 긍휼하심으로 구원자들, 즉 사사들을 보내셔서 이스라엘 백성들을 구원하셨다(27~28절). 이스라엘 백성들은 수세기 동안 범죄해 왔지만(29절), 하나님께서는 끝까지 인내하시고 예언자들을 보내셔서 성령으로 그들을 가르치셨다(30절). 그러나 이스라엘 백성들은 회개할 줄 모르고 계속 범죄하다가 결국 포로로 끌려가게 되었다(30~31절).

9:32~37 이 부분은 레위인들의 기도의 결론인데, 여기서 레위인들은 하나님의 능력과 위엄(참조, 1:5; 4:14)과 신실하심을 알게 해달라고 간구하며, 또한 하나님께서 자신들을 구원해 줄 것을 간구했다. 역사를 통해 봤을 때 이스라엘은 그들이 하나님을 거역할 때마다 어려움을 겪었다. BC 9세기에 시작해서 느헤미야 이전 400년이 넘는 동안 앗수르가 유다와 이스라엘을 위협하고 애굽 이후로 고대 근동 최강국으로 등장하게 되었다. 이스라엘 백성들은 약속의 땅에서 하나님의 축복(하나님의 위대하신 선하심에서 온 것. 참조, 9:25)을 누리고 있으면서도 하나님께 계속 범죄했다.

결국 이스라엘 백성들은 자신들의 나라에서 노예 생활을 하게 되었다(36절). 노예가 된다고 하는 것은 그들이 페르시아에 세금을 내야 한다는 사실을 의미하는데, 유다 정부의 지도자들은 땅에서 나는 소출을 거두어들여서 페르시아 왕에게 조공을 바쳐야만 했다. 느헤미야의 기도는 이스라엘 백성들이 자신들이 당하고 있는 고통을 그대로 인정하는 것으로 끝난다.

3. 복종하겠다는 이스라엘의 약속(9:38~10:39)

a. 서명한 사람들(9:38~10:27)

9:38~10:27 지도자, 종교 지도자(레위인과 제사장들), 백성들은 자신들이 모세의 율법에 명시되어 있는 조항들에 순종하겠다는 것을 문서로 기록하고 거기에 자신들의 도장을 찍기로 합의했다(참조, 38절). 그들이 서명하고 날인한 명단은 느헤미야로부터 시작하고 있다. 여기서 우리는 그가 백성들에게 본을 보였다는 것을 알 수 있다. 10장 1~8절에는 24명의 이름이 언급되는데, 12장 12~21절, 즉 족장들의 명단에도 포함되어 있다. 이들은 제사장들이었다(8절). 에스라는 명단에 들어있지 않지만 그는 스라야의 후손이다(2절). 제사장들 다음에 17명의 레위인의 명단이 기록되어 있고 그들 가운데 6명은 율법서를 낭독했던 사람들이다(8:7). 협정서에 서명한 사람들에는 44명의 지도자들이 포함되어 있는데 이들은 족장이었다. 이들 가운데 몇은 7장 8~25절에 기록되어 있다.

b. 율법 조항들(10:28~39)

10:28~29 나머지 백성들은 작성된 협정서에 서명하지 않았다. 하지만 그들은 자신들 역시 하나님의 율법을 따르기로 하고 서명한 사람들과 함께 보조를 맞췄다. 문지기들, 노래하는 자들, 성전 봉사자들의 명단이 7장 44~60절에 기록되어 있다. 이 외의 모든 사람은 이방 사람과 절교한 사람들에 포함되었다(참조, 9:2). 그들이 바로 직접 서명하고 도장을 찍지는 않았지만, 모든 것을 지도자들에게 위임했다는 것은(그들이 동의한 것

을 지키지 않을 때는 재앙이 임하게 될 것이라는) 저주와 서약에 명확히 나타나 있다. 저주는 신명기의 계약(신 28:15~68)에서 언급한 저주하는 하나님과 관련이 있다.

10:30~39 그들이 협정서에 상세하게 기록한 조항들 가운데는 통혼의 금지(30절. 참조, 출 34:16; 신 7:3~4), 주일 성수와 안식년의 준수(10:31. 참조, 출 20:8~11; 23:11~12; 31:15~17; 레 25:2~7; 신 15:1~3), 매년 3분의 1세겔(3.5그램)을 헌금함으로써 교회 봉사를 지원하기로 한 것 등이 포함된다(32~33절). 출애굽기 30장 11~16절에 의하면, 성전세는 매년 반 세겔씩 내게 되어 있는데, 여기서는 그보다 적은 금액으로 기록되어 있다. 이러한 성전 헌금은 제사장들과 레위인들에게 주어서 진설병이 끊어지지 않도록 했으며(출 35:13; 39:36; 민 4:7) 다양한 제사를 위해서 월례적이고 연례적인 축제들을 기념하고 그들의 임무를 수행하는 데 쓰였다(참조, 13:10~11 주해. 여기에서 이스라엘 백성들이 이러한 자신들의 생각을 지키지 못했음이 언급된다).

지도자들과 백성들이 서약한 다른 책임들은 번제에 쓸 장작을 제공해서 계속하여 번제를 드릴 수 있도록 하며(레 6:12~13), 곡식의 첫 수확(출 23:19; 신 26:1~3)과 가축의 첫 태생과 장자(민 18:15~17; 신 12:6)를 여호와께 바치고, 매년 십일조를 내는 것 등이다(레 27:30; 민 18:21~24). 레위인들은 백성들이 낸 십일조 가운데서 10분의 1을 떼서(38~39절. 참조, 민 18:26) 제사장들이 필요로 할 때 쓸 수 있도록 했다.

이스라엘 백성들이 모두 동의해서 기록한 협정서의 마지막은 "우리가 우리 하나님의 전을 버려 두지 아니하리라"(39절)인데, 이것은 6번 항목을 통해서 3번 항목의 책임을 다하겠다는 것을 의미한다. 에스라와 느헤미야가 다스리는 동안에는 이스라엘의 백성들은 재건된 성전을 관리하는 등 영적인 측면에서 보다 높은 경지에 오르게 되었다. 이것은 예루살렘 성벽을 재건하는 것보다 더욱 중요한 일이었다.

D. 유대 거주자들의 명단(11:1-12:26)

다른 지역과 비교해 보면 당시 예루살렘에는 상대적으로 적은 수의 사람들이 살고 있었는데 이것은 예루살렘 성이 황폐했기 때문이다(7:4). 그런데 이제는 성벽과 성문이 보수되어서 보다 많은 사람들이 거주할 수 있게 되었다.

1. 예루살렘의 거주자들(11:1~24)

11:1~4상 지도자들과 아울러서 이스라엘 백성들 가운데 10분의 1이 거룩한 성이라고 불리는 예루살렘에 거주하고 있었다(참조, 18절; 사 52:1; 단 9:24; 계 11:2). 그들은 제비뽑기를 통해 들어온 사람들이다(참조, 잠 16:33). 자원해서 들어온 사람들(2절)은 제비뽑기를 통해 들어온 사람이거나 새로 추가된 사람들이다. 몇몇 제사장과 레위인 중에는 성전 봉사자도 있었는데, 이들은 예루살렘 주변의 마을에 살면서 자신들이 봉사할 때가 되면 예루살렘으로 통근했다. 시민도 아니고 종교 지도자도 아닌 사람들은 예루살렘에 거주할 수 있었다. 그들은 유다와 베냐민 지파의 일원이었다.

11:4하~19 예루살렘으로 이주해 온 각 지파의 후손들은 유다 지파가 468명(4절하~6절), 베냐민 지파가 928명(7~9절), 제사장이 1,192명(10~14절), 레위인이 284명(15~18절), 문지기가 172명(19절)으로 모두 3,044명이었다. 역대상 9장 3절에 따르면 에브라임과 므낫세의 후손들도 예루살렘에 살고 있었음을 알 수 있다. '지방의 지도자들'(11:3) 가운데 아다야라는 사람이 포함되어 있는데, 이 사람은 베레스와 마아세야와 실로의 후손이었다(4~5절). 베레스와 실로는 유다의 아들이었다(참조, 창 38:2~5, 26~29). 세라 역시 유다의 아들인데, 창세기 38장 30절과 역대상 9장 6절에는 기록되어 있으나, 느헤미야 11장 4~6절에는 언급되지 않는다. 이러한 사실로 우리는 역대상 9장 6절에는 690명으로 기록되어 있는 것이 느헤미야 11장 6절은 468명으로 기록한 이유를 알 수 있다. 느헤미야는 베냐민 지파의 수를 셀 때 직계만 계산한 데 비해서(7절), 역대상 기자는 방계까지 포함시키고 있다. 느헤미야는 베냐민의 인구수를 928명으로 보았는데(8절), 이것은 역대기 기자의 수치인 956명(대상 9:9)과 크게 다르지 않다.

여섯 가문에서 제사장들이 나왔다(10~14절). 요야립의 아들 여다야, 야긴, 스라야, 아다야, 아맛새 등이다. 역대상 9장 10~13절을 보면, 여기에 이 6명의 이름이 기록되어 있는데 약간 차이가 있지만 같은 인물임에 틀림없다. 요야립의 아들은 여호야립이고 스라야의 아들은 아사랴, 아맛새의 아들은 마새이다. 역대상 9장 13절에는 1,760명으로 기록되어 있는 제사장들이 1,192명으로 된 것을 밝혀내기는 참으로 어렵다.

15~18절과 역대상 9장 14~16절의 명단은 철자에서 조금 차이가 있고 첨가되거나 생략된 것도 있다. 박부갸는 박카칼과 같으며, 압다는 오바댜이다(참조, 12:25). 역대기상 기자는 느헤미야가 언급하지 않은 헤레스, 갈

랄, 베레갸 등을 언급한다. 그리고 느헤미야는 역대기 기자가 말하지 않는 삽브대와 요사밧을 언급하는데, 이들은 하나님의 전 바깥 일을 보았다 (16절).

문지기 가문의 우두머리는 2명이다. 그런데 역대상 9장 17절에는 네 명으로 되어 있다. 이러한 차이는 전체 문지기의 수에도 차이를 가져왔다. 느헤미야서에는 172명(19절)인 반면 역대상에는 212명으로 기록되어 있다 (대상 9:22).

11:20~24 나머지 이스라엘인들은 성전 봉사자들을 제외하고는 모두 유대 성읍에 살고 있었다(20절). 성전 종사자들은 북쪽에 성전이 있는 성읍의 언덕인 오벨에서 살고 있었다(참조, 3:26). 웃시는 레위인들의 감독이었다(22절). 노래하는 자들은 왕의 명령을 받고 있었는데(23절), 이 왕은 아마도 아닥사스다였을 것이다. 브다히야(24절. 참조, 9:5)는 유대인들의 일을 왕에게 전달하는 사신의 역할을 맡고 있었는데, 왕이 바라는 것과 원하는 방향을 백성들에게 알리기도 했다.

2. 유다와 베냐민 지파의 마을에 사는 거주민들(11:25~36)

11:25~30 포로기 이후에 느헤미야가 통치하는 동안 몇몇의 유대인들이 17개의 성읍에 정착했는데, 그들이 거주하던 지역은 남쪽으로는 브엘세바(27, 30절. 예루살렘에서 남쪽으로 약 52킬로미터 떨어져 있었다)에서 예루살렘 바로 남쪽에 위치한 힌놈의 골짜기까지였다(참조, 수 15:8). 기럇 아르바는 헤브론의 옛 이름이다(수 14:15).

11:31~35 베냐민의 자손들은 15개 지역에서 거주하고 있었는데, 대체로 유다 북쪽 지역에서 살고 있었다. 장인들의 골짜기는 로드와 오노 근처에 있다(25~35절에서 언급하는 여러 성의 위치는 에스라 2장의 주해에 있는 '포로기 이후의 사마리아와 유다' 지도를 참고하라).

11:36 유다에서 거주하고 있던 레위인들 가운데 몇몇은 북쪽 베냐민 지파로 이주했다.

3. 제사장과 레위인들의 명단(12:1~26)

12:1~7 다윗은 제사장들을 24개의 그룹으로 만들어서 성전이 완성된 다음에 봉사하도록 했다(대상 24:7~19). 느헤미야는 스룹바벨과 예수아와 함께 바벨론에서 돌아온 제사장들의 대표 22명의 이름을 기록한다. 그들은 거의 100년 전인 BC 538년에 귀환한다. 아마도 필사하는 과정에서 24명 중 2명이 탈락된 것으로 보인다.

12:8~9 스룹바벨과 함께 돌아온 8명의 레위인들의 이름이 이곳에 기록되어 있다. 그들에 수반된 사람들의 수가 74명에 이르는데(스 2:40), 레위인들 가운데 노래하는 사람들(스 2:41)이 포함되면 202명에 이른다. 그 8명의 이름 가운데 에스라는 예수아와 갓미엘(스 2:40), 두 사람만을 기록하고 있다. 스룹바벨 시대(1절)의 맛다냐와 박부갸(8~9절)는 그들이 찬송을 인도하는 일(참조, 12:24)을 맡았다고 해서 느헤미야 시대(11:17)의 인물들과 혼동해서는 안 된다.

12:10~11 대제사장의 계보가 아론에서부터 여호사닥까지 길게 언급되어 있는데 여호사닥은 바벨론에 포로로 끌려갔다(대상 6:3~15). 그러고 나서 대제사장인 예수아가 스룹바벨과 함께 바벨론에서 귀환했다(스 2:1~2; 느 11:1). 예수아의 후손인 엘리아십(10절)은 느헤미야 시대의 대제사장이었다(3:1; 13:4, 7, 28). 어떤 학자들은 엘리아십으로부터 3대 후 얏두아로 연결된 것은 후대의 첨가라고 보고 있는데 사실은 그렇지 않다. 엘리아십의 장손이 느헤미야가 살아있는 동안에 태어났을 가능성은 얼마든지 있다. 요나단은 12장 22절의 요나단과 동일인물일 것이다.

12:12~21 여기는 요야김 시대의 제사장 계보의 족장들의 명단이 기록되어 있는데 요야김은 대제사장 예수아의 아들이다(참조, 12:10). 모두 20명의 이름이 언급되는데, 이것은 12장 1~7절에 나오는 22명의 이름과 대체로 일치한다. 12장 2절의 핫두스와 5절의 마아댜는 12~21절의 명단에는 나오지 않는다. 하림(15절. 참조, 10:5)은 12장 3절에서 르훔으로 기록되어 있다. 17절의 미냐민은 12장 5절에서는 미야민으로 되어 있다.

12:22~26 본문의 다리오는 BC 423~404년까지 페르시아를 다스렸던 다리오 2세일 것으로 추정된다. 엘레판티네 파피루스에 의하면 요하난은 BC 408년에 대제사장직을 맡고 있었다. 느헤미야는 요하난의 아들인 얏두아가 BC 408년에서 404년 사이의 어느 때에 대제사장이 되었을 때까지 생존해 있었다.

'역대지략'은 요하난 시대까지의 레위인 족장들에 대한 공식적인 기록서이다. 24~25절에 언급된 레위인들은 대제사장 요야김 시대(참조, 12:10, 12)와 느헤미야와 에스라의 시대에 시무했다. 하사뱌는 3장 17절에 언급된 사람과 동일 인물일 가능성이 잇으며, 세레뱌와 예수아는 자신들의 순번에 따라서 노래를 부르는 일을 맡았던 것으로 12장 8절에 기록되어 있다. 아마도 '갓미엘의 아들 예수아'는 8절과 같이 '예수아와 빈누이와 갓미엘'로 읽어야 할 것이다.

맛다냐와 박부갸(참조, 11:17)는 12장 8절에서 음악과 관련이 있는 것으로 나타나 있는데, 이에 반해 25절에는 문지기로 되어 있다. 오바댜는 압다와 동일 인물로 보인다(11:17). 이 둘은 모두 최선을 다해 자기 맡은 일을 감당했던 것으로 보인다. 므술람(3장 4, 30절에서도 언급된다)의 다른 이름은 살룸으로 그는 달몬과 악굽과 함께 문지기들이었다(참조, 대상 9:17).

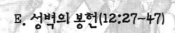

E. 성벽의 봉헌(12:27~47)

1. 봉헌을 위한 준비(12:27~30)

12:27~30 느헤미야는 예루살렘 주변 여러 성읍에 거주하고 있던 레위인들(참조, 11:3, 20)과 거룩한 성에 거주하고 있는 다른 사람들과 함께 재건된 성벽을 봉헌하기 위한 예식을 준비했다. 이때에는 악기를 가지고(참조, 대상 25:1) 하나님께 감사의 노래를 불렀다(참조, 12:8). 노래 부르는 사람들은 레위인들이었는데, 예루살렘의 남쪽(느도바 마을)과 동쪽(벧길갈은 길갈과 같은 곳으로 생각된다) 그리고 북쪽(게바와 아스마웻의 베냐민 지파 마을들)에서 모여들었다. 봉헌을 준비하는 과정에는 백성들과 성문과 성벽을 정결케 하는 예식이 포함되었다. 이 정결 예식은 희생물로 잡은

동물의 피를 뿌리는 것이다.

2. 두 성가대의 행진(12:31~42상)

12:31~42상 느헤미야는 두 개의 성가대를 만들어서 감사의 찬양을 하도록 했다(참조, 12:8, 27). 이 성가대의 인원이 모두 몇 명이었는지는 밝혀져 있지 않다. 성가대는 아마도 골짜기문 근처에서 행진을 시작했을 것으로 보이는데, 이 문은 흥미롭게도 느헤미야가 수개월 전에 무너진 성벽을 야간 순찰할 때의 시점 및 종점인 곳이다(2:13~15). 첫 번째 행진은 남쪽과 동쪽 벽에서 분문을 향해서 시계 반대방향으로 나아가서(31절) 샘문을 지나서 수문까지 올라갔다. 두 성가대가 모두 성전으로 들어갔기 때문에(40절), 첫 번째는 성벽에서 동문까지 진행해 갔다(참조, 3:1, '느헤미야 시대의 예루살렘' 지도). 이 행진에는 다음 사람들이 참여했다. 에스라가 사람들을 인도해서 나아갔고(36절), 성가대, 호세야와 유다 지도자의 절반(32절), 제사장들(그들 가운데 7명의 이름이 밝혀져 있고, 몇 사람은 나팔을 들었다), 스가랴와 그의 8명의 형제가 악기를 들고 따랐다.

두 번째 성가대는 시계방향으로 나아갔는데, 계곡문에서 시작해 여러 문들과 망대를 지나(참조, 3장 주해) 감옥 문까지 나아갔다. 이 행진에는 성가대, 느헤미야, 민장의 절반(40절), 제사장들(7명의 이름이 밝혀져 있으며, 그들은 나팔을 들고 있었다) 그리고 노래 부르는 사람들임이 분명한 8명이 참여했다. 이 두 행진이 평행을 이루었다는 사실이 매우 놀랍다.

그들이 성벽 위로 올라간 것(31, 38절)은 성벽이 튼튼하다는 것을 확실히 보여 주고, 여우 한 마리가 올라가도 무너지리라고 조롱한 도비야의 말이 한낱 거짓임을 명확히 보여 주었다(4:3). 느헤미야는 여러 사람의 반대에도 불구하고 하나님의 도우심으로 성벽 재건 작업이 완성되었다는 사실을 도비야가 보기를 원했다. 이제 백성들이 창, 칼, 활(참조, 4:16, 18)을 들고 있지 않다는 사실에서 적들이 다 물러갔다는 것을 알 수 있다. 두 편의 대군중들이 성벽 위에서 행진하는 것은 참으로 인상 깊은 장면이었음에 틀림없다.

3. 예배에 참석(12:42하~43)

12:42하~43 성전("하나님의 전" [40절])에서 성가대의 지휘자인 예스라히야가 두 대규모 성가대를 지도했다. 희생 제사를 드리고 백성들은 크게 소리 내어 기뻐함으로 그 소리가 멀리 퍼져 나갔다.

4. 봉헌의 준비(12:44~47)

12:44~47 느헤미야는 성벽 봉헌예식이 잘 진행되도록 지휘하며 주도적인 역할을 했다. 백성들이 가져온 거제물, 처음 익은 과일, 십일조 등 율법이 요구하는 것을 저장하는 창고는 성전 옆에 있다(참조, 왕상 6:5; 대상 28:11; 대하 31:11; 느 10:37~39; 12:25; 13:4, 12~13). 느헤미야는 집전하고 있는 제사장들과 레위인들이 500여 년 전에 다윗이 기초를 세우고(대상 22~26장) 솔로몬이 제정한 규례에 따라서 집행하도록 했다. 음악은 다윗이 성전을 준비하는 데 있어서 가장 중요한 역할을 했는데 아삽이 그 일을 주관했다(대상 15:19; 16:4~5, 37). 느헤미야는 역량 있는 행정관이었을 뿐만 아니라 예배의 사람이었다. 그는 각자에게 주어진 음악과 재능으로 찬양하는 일에 힘을 기울였다.

백성들은 힘을 합해서 제사장들과 레위인들에게 물품을 대었다(참조, 10:37~39 주해).

F. 느헤미야에 의한 개혁(13장)

12년 동안 느헤미야는 유다의 총독으로 시무해 왔는데, 이것은 아닥사스다 왕 재위 20년에서 32년(5:14. 참조, 13:6), 즉 BC 444년에서 432년까지이다. 성벽을 재건하고 봉헌한 것, 그리고 백성들에게 율법을 따르도록 하고 제사장과 레위인들에게 성전의 일을 분배한 것을 제외하면 느헤미야가 따로 행한 일은 없다. 이때가 느헤미야의 삶에 있어서 성공적인 기간이었음에 분명하다.

12년이 지나자 느헤미야는 다시 페르시아(아마도 수산일 것이다. 참조, 1:1. 또는 수도인 페르세폴리스)로 돌아가 아닥사스다 왕을 섬겼다(참조, 2:6). 그가 페르시아에서 얼마 동안 공직에 머물러 있었는지는 알 수 없다. 대략 2년 정도일 것으로 추측된다. 그가 떠나고 나서 유다에서는 놀랄만한 변화들이 일어났다. 심지어는 모세의 율법까지 범하는 중대한 잘못들을 저지르기도 했다. 느헤미야가 유다에 다시 돌아와 보니(BC 430년경) 성벽이 불탄 것보다 더 심각한 일이 벌어지고 있었다.

1. 이방인들을 몰아냄(13:1~3)

13:1~3 '그날'은 12장 44절의 그날이 아니고 13장 4~7절에 나타난 대로

느헤미야가 다시 유다 총독으로 부임한 이후의 날이다. 낭독된 모세의 책은 바로 신명기 23장 3~5절이다. 암몬과 모압 사람들은 이스라엘 백성들이 가나안으로 들어오는 것을 저지했다. 그리고 모압 사람들은 발람을 고용해서 이스라엘을 저주하게 했지만 하나님께서는 오히려 저주를 축복으로 바꾸어 놓으셨다(민 22~25장). 그래서 암몬과 모압 사람들은 이스라엘의 성전 예배에 참석할 수 없었다. 이러한 사실을 염두에 두고서 느헤미야 당시의 사람들은 이방인들을 축출했다(이것은 느헤미야 13장 4~9절, 23~28절에 기록되어 있다). 한 가지 흥미로운 사실은 하나님의 말씀을 다시 낭독한 것이 백성들에게 효과가 있었다는 점이다(참조, 8:1~6, 13~17; 9:3).

2. 느헤미야가 도비야와 만남(13:4~9)

13:4~5 느헤미야는 예루살렘에 돌아와 충격을 받았다. 유다의 대제사장인 엘리아십(참조, 3:1, 20; 13:28)이 성전 안에 도비야를 위한 큰 방을 만들어 놓았기 때문이다. 엘리아십과 도비야는 매우 가까운 사이인데, 이것은 그들이 서로 가족적 관계에 있다는 것을 의미한다(도비야는 몇몇 유대인들과 결혼관계를 통해서 유대를 맺었다. 6:17~18). 도비야는 느헤미야의 적이었으며 성벽 공사를 방해하기도 했다(2:10~19; 4:3, 7; 6:1, 12, 17, 19).

그런데 느헤미야가 바벨론으로 돌아가자(13:6), 암몬 사람인 도비야(참조, 13:1~3 주해)가 성전으로 들어와 살고 있었다. 도비야는 성전 곳간 가운데 하나를 사용했다(4절. 참조, 12:44 주해). 이 방은 백성들이 바친 곡식을 저장해 두는 곳이었다. 이 방에서 도비야는 하나님의 사역을 방해했다.

13:6~9 아닥사스다는 바벨론의 왕이라고 불렸는데 이것은 그가 바벨론을 포함해서 페르시아 제국을 다스렸기 때문이다. 느헤미야는 BC 432년에 아닥사스다에게 돌아왔다. 그리고 몇 년이 지나서(약 2~3년 후) 느헤미야는 다시 예루살렘으로 돌아가겠다고 왕에게 간청했다. 그가 예루살렘에서 얼마 동안 머물러 있었는지는 기록되어 있지않다. 말라기가 그때 활동하고 있었던 것으로 보인다(참조, 스 1:1, '포로 후기의 연대기' 도표).

대제사장이 도비야를 위해서 한 일을 듣고(느헤미야는 그 일을 '악한 일'이라고 했다. 참조, 13:17), 느헤미야는 깊이 상심했다. 엘리아십은 성벽 재건에 동참했던 사람이다(3:1). 그러나 그는 이제 처음의 열정을 버리고 자신들이 행하던 성벽 재건 사역을 방해하던 사람을 성전 안에 거주하게 해주었다. 느헤미야는 엘리아십의 행동을 도무지 이해할 수 없어서 매우 분노해 성전 안으로 들어가 도비야의 가구들을 모두 밖으로 내어 던졌다. 그리고 느헤미야는 도비야가 사용하던 방들을 깨끗하게 하고(예식을 행하고 소독함으로써 그 방을 정화시켰다) 전에 그곳에 있었던 성전 물건들과 제사 기물들을 다시 들여 넣도록 했다.

3. 느헤미야가 유다의 관리들을 만남(13:10~14)

13:10 느헤미야는 도비야가 어떻게 성전의 곳간에서 거주할 수 있었는지를 조사했다. 성전 곳간은 백성들이 십일조와 레위인들에게 주는 거제물을 내지 않았기 때문에 비어 있었다. 그 결과 백성들이 내는 예물을 받아서 생계를 유지하면서 백성들을 위해서 영적인 직무를 감당했던 레위인들과 거기에 관계된 사람들은 자신들이 직접 그들의 생계를 유지해야만 했으며, 또 그들의 가축들을 먹이기 위해서 농사를 지어야만 했다(참조,

민 35:1~5). 이것은 성전에서 봉사해야 할 사람들이 성전에 머무를 여유가 없었다는 것을 의미한다.

13:11~14 느헤미야는 유대인 관리들을 불러놓고 그들이 성전(하나님의 전. 참조, 4, 7, 9, 14절)에서 감당해야 할 사역을 하지 않는 것을 책망했다. 말라기 역시 이 문제를 지적했다(말 3:8~10). 민장들은 유다 백성들이 이러한 문제들에 있어서 하나님의 명령을 따르도록 확실하게 지도해 주지 못했다. 그런데 더욱 더 느헤미야의 마음을 상하게 한 것은, 그들이 전에 하나님과 백성들 앞에서 그러한 일이 결코 일어나지 않도록 하겠다고 약속했기 때문이다(9:38; 10:14~29, 35, 37, 39). 그들은 심지어 이렇게 말했다. "그리하여 우리가 우리 하나님의 전을 버려 두지 아니 하리라"(10:39하).

백성의 지도자들의 임무 태만을 책망한 느헤미야는 그 문제를 바로 잡기 위해서 실제적인 행동을 취했다(참조, 13:17~19). 그는 레위인들에게 성전에서 주어진 위치를 지키도록 지시하고, 네 사람(제사장, 서기관, 레위인, 보조자 각각 1명씩으로 모두 믿을 만한 사람들이었다)을 지명해서 백성들이 십일조(12절, 곡식, 새 포도주, 기름. 참조, 10:39; 13:5)를 내는 것을 감독하도록 했다. 그리고 느헤미야는 평소에 그가 해왔던 대로 그 문제를 놓고 하나님께 기도했다(14절). '기억하옵소서'라는 말은 단순히 하나님께서 어떤 것을 잊지 말기를 간구하는 것에서 그치는 것이 아니라 도움을 청하는 것이다(참조, '기억하다.' 13:22, 29, 31; 5:19; 6:14[두 번]). 유다의 지도자 느헤미야는 자신의 개혁 의지가 백성들의 태만에 의해 실현되지 못하는 것을 원치 않았다.

4. 느헤미야가 안식일을 범하는 무리들과 만남(13:15~22)

13:15~16 이스라엘 백성들이 한 또 다른 맹세는 안식일과 관련한 하나님의 율법을 지키는 것이었다(10:31). 그러나 느헤미야는 예루살렘으로 돌아왔을 때 백성들이 이 계명도 역시 어기고 있음을 발견했다. 그들은 주중 다른 날들과 마찬가지로 안식일에도 일을 했다. 그들은 술틀을 밟고, 곡식단과 함께 포도주와 포도와 무화과와 여러 가지 짐을 지고 예루살렘에 들어와 그것을 팔았다. 그들은 또한 예루살렘에 거주하는 두로 사람들에게서 물고기와 각양 물건들을 사고 있었다.

13:17~22 느헤미야는 다시 이 문제와 직면하여 꾸짖으며 조치를 취했다(참조, 11~13절). 백성들이 안식일을 범하는 것(악한 일이라고 불렀다. 참조, 13:7)을 꾸짖으면서 느헤미야는 예레미야 시대에 있었던 이와 비슷한 죄에 대해 언급을 했는데, 하나님은 벌로 그들을 바벨론의 포로(재앙)가 되게 하셨다(참조, 렘 17:19~27). 느헤미야는 금요일 저녁부터 시작되는 안식일에 성문을 닫고 경비를 세워 물건들이 성 안으로 들어오지 못하게끔 했다. 그렇게 해도 어떤 상인들은 혹시나 백성들이 어둠 속에 몰래 나와 물건을 사갈지도 모른다고 기대하고서는 성 밖에서 밤을 샜다. 느헤미야는 이 소식을 듣고는 그들에게 무력을 행사하여 쫓아버리겠다고 위협했다. 그러고 나서 레위인들을 명하여(참조, 13:30) 성문을 지키도록 하였다(참조, 7:1; 11:19). 다시 (참조, 13:14) 느헤미야는 하나님께서 크신 사랑(헤세드[חֶסֶד], '신실하신 사랑')으로 자비를 베푸셔서 이 문제를 해결하도록 도와주시길 간구했다.

5. 느헤미야가 결혼의 서약을 깨뜨린 무리들과 만남(13:23~31)

13:23~24 유대인들은 또한 이방인들과 결혼을 하지 않겠다고 맹세했다(10:30). 그렇지만 느헤미야가 예루살렘에 돌아와 보니 많은 유대 남자들이 역시 이 계명을 어기고(참조, 스 9:1~4; 10:44; 말 2:10~11) 아스돗과 암몬과 모압 여인을 아내로 삼고 있었다(참조, 스 10:1~3 주해). 그러나 이 일은 모세의 율법에서도 금지된 것이다(출 34:12~16; 신 7:1~5). 이런 통혼은 그들의 자녀가 히브리어(유대의 언어)가 아니라 그들 어머니의 말을 사용한다는 것을 의미했다.

13:25~27 느헤미야는 다시 한 번 책망을 했다(참조, 11, 17절). 역시 그는 하나님께서 그들을 심판(저주)하시도록 간구했다. 심지어 그들 중 몇 명을 때리고 머리털(아마도 수염)을 뽑았다. 수염을 뽑는다는 것은 모욕이었다(삼하 10:4; 사 50:6). 느헤미야는 그들이 다시는 이런 죄를 범하지 않겠노라고 하나님 앞에 맹세하도록 했다. 느헤미야는 그들에게 이방 여인과 결혼을 했던 솔로몬의 죄를 상기시켰다(참조, 왕상 11:1~8). 이것은 사악하고 믿음이 없는 행위였다.

느헤미야가 남자들의 털을 뽑은 일이 하나님의 사람으로서는 적합하지 않은 것처럼 느껴질는지도 모른다. 그렇지만 느헤미야는 하나님의 심판이 다시는 유대에 임하지 않도록 하는 것을 더 중요하게 생각했다. 그는 하나님께서 이런 죄를 참지 않으시리라는 것을 알았다.

13:28~29 제사장들 조차도 통혼의 죄를 범하고 있었다. 대제사장 엘리아십의 손자(참조, 3:1, 20; 13:4)는 이방인 산발랏의 딸과 결혼했다. 산

발랏은 당시에 사마리아의 통치자로, 느헤미야의 성벽 재건 사역을 누구보다도 강력하게 반대했던 사람이다(참조, 2:10, 19; 4:1, 7; 6:1~2, 5, 12, 14). 그리고 이제는 그도 도비야처럼(참조, 6:17~18; 13:4) 혈연적인 관계를 이용해서 하나님의 사역을 파괴하려고 했다. 느헤미야는 도비야의 가구들을 성전 곳간에서 내던지고(3:8), 대제사장 엘리아십의 손자를 유대인 공동체에서 축출시켰다.

느헤미야는 하나님께서 대제사장의 손자를 심판하시기를 간구했다. 느헤미야는 "그들이 제사장의 직분을 더럽히고"(29절)라고 기도를 시작하는데, 여기서 '그들이' 누구인지는 정확히 밝히지 않고 있다. 하지만 느헤미야가 '그들'에 산발랏을 포함시키고 있는 것은 분명하다. 제사장들은 '자기 백성 중 처녀를 취하여 아내를 삼도록' 규정되어 있었다(레 21:14). 그래서 제사장들이 통혼하는 것은 바로 거룩한 제사장직을 더럽게 하는 것이었다.

13:30~31 엘리아십의 손자의 통혼 문제는 13장에 기록된 다른 사건들과 마찬가지로 성결 예식(참조, 13:9, 22)을 거행할 필요가 있었다. 제사장들과 레위인들은 자신들의 직무를 다시 부여받았다(느헤미야는 백성들에게 일을 분담하고 그것을 집행해 나가는 놀라운 자질을 발휘했다). 느헤미야는 또한 백성들에게 봉헌물과 곡식의 첫 열매를 성전에 가져오도록 지시했다(참조, 13:10~13 주해).

13장에는 느헤미야의 기도가 네 번 등장한다. 그는 하나님께 자신을 기억해 달라고 기도했다(참조, 13:14 주해). 이것은 하나님께서 느헤미야의 열심을 보시고 그에 상응하는 복을 내려달라는 기도다.

느헤미야는 예루살렘에 거주하던 당시 하나님의 백성들의 외적인 상황에 대해서는 거의 언급하지 않는다. 오히려 하나님의 백성들로 하나님의 말씀을 순종하게 하고 그 말씀을 알지 못함으로써 범죄하지 말도록 하며, 또한 하나님의 백성은 결코 하나님을 거역해서는 안 된다는 점을 강조하고 있다.

참고문헌

• Ackroyd, Peter R. *I and II Chronicles, Ezra, Nehemiah*. Torch Bible Commentaries. New York: Harper & Row, 1973.

• Barber, Cyril J. *Nehemiah and the Dynamics of Effective Leadership*. Neptune, N.J.: Loizeaus Brothers, 1976.

• Brockington, L.H. *Ezra, Nehemiah, and Esther*. New Century Bible. Greenwood, S.C.: Attic Press, 1969.

• Campbell, Donald K. *Nehemiah: Man in Charge*. Wheaton, Ill.: SP Publications, Victor Books, 1979.

• Fensham, F. Charles. *The Books of Ezra and Nehemiah*. The New International Commentary on the Old Testament. Grand Rapids: Wm. B. Eerdmans Publishing Co., 1982.

• Getz, Gene A. *Nehemiah: A Man of Prayer and Persistence*. Ventura, Calif.: G/L Publications, Regal Books, 1981.

• Ironside, H.A. *Notes on Ezra, Nehemiah, Esther*. Neptune, N.J.: Loizeaux Brothers, 1972.

- Jamieson, Robert. "The Book of Nehemiah". In *A Commentary Critical, Experimental and Practical on the Old and New Testaments*. Vol. 2. Grand Rapids: Wm. B. Eerdmans Publishing Co., 1945.

- Keil, C. F. "Nehemiah". In *Commentary on the Old Testament in Ten Volumes*. Vol. 3. Reprint (25 vols. in 10). Grand Rapids: Wm. B. Eerdmans Publishing Co., 1982.

- Kidner, Derek. *Ezra and Nehemiah: An Introduction and Commentary*. The Tyndale Old Testament Commentaries. Downers Grove, Ill.: InterVarsity Press, 1979.

- Laney, J. Carl. *Ezra/Nehemiah*. Everyman's Bible Commentary. Chicago: Moody Press, 1982.

- Myers, Jacob M. *Ezra, Nehemiah*. The Anchor Bible. Garden City, N.Y.: Doubleday & Co., 1965.

- Swindoll, Charles R. *Hand Me Another Brick*. Nashville: Thomas Nelson Publishers, 1978.

וַיְהִי בִּימֵי אֲחַשְׁוֵרוֹשׁ הוּא

בַּיָּמִים הָהֵם כְּשֶׁבֶת הַמֶּלֶךְ אֲחַשְׁוֵרוֹשׁ עַל כִּסֵּא מַלְכוּתוֹ אֲשֶׁר בְּשׁוּשַׁן הַבִּירָה

לְמָלְכוֹ עָשָׂה מִשְׁתֶּה לְכָל־שָׂרָיו וַעֲבָדָיו חֵיל פָּרַס וּמָדַי הַפַּרְתְּמִים וְשָׂרֵי הַמְּדִינוֹת לְפָנָיו

בִּשְׁנַת שָׁלוֹשׁ

וּבְהַרְאֹתוֹ אֶת־עֹשֶׁר כְּבוֹד מַלְכוּתוֹ וְאֶת־יְקָר תִּפְאֶרֶת גְּדוּלָּתוֹ יָמִים רַבִּים שְׁמוֹנִים וּמְאַת יוֹם

The Bible Knowledge
Commentary   8

Esther
서론

서론

역사적인 배경

에스더서는 몇 가지 점에서 특이한 책이다. 그 가운데 하나는 언급하고 있는 사건들의 역사성에 관한 것이다. 에스더서는 페르시아 제국에 대한 흥미롭고 생생한 목격담을 담고 있는데, 이것은 그 당시 역사에 비추어볼 때 사실임이 분명하지만 그것을 증명할 만한 성서 외적인 증거가 없다(참조, '역사성' 항목).

에스더서는 페르시아 제국(BC 539~331년)을 배경으로 하고 있는데, 많은 이스라엘 백성이 포로 생활을 마치고 팔레스타인으로 귀환해서 성전을 재건하고 제사 제도를 다시 세운 이후의 사건을 기록한다. 대부분의 사람들은 이스라엘로 돌아가지 않았다. 그들은 유다가 멸망한 지 70년이 지난 후(렘 29:10)에 바벨론을 떠나서(사 48:20; 렘 50:8; 51:6) 하나님께서 그들과 맺은 언약의 약속으로 그들을 축복하실(신 28장) 고국으로 돌아갔어야 했다. 에스더와 모르드개는 약속의 땅으로 귀환하지 않았는데, 아마도 돌아가라는 예언자들의 말을 따르는 것을 별로 신통치 않게 생각했던 것 같다. 에스더서에 언급된 페르시아 황제는 크세르크세스(BC 485~465년)이다. 이 왕은 아하수에로(참조, NIV 난외주)로 알려져 있는

데 강력하고 능력있는 통치자였다. 에스더서에 기록된 사건들은 에스라 6~7장에 언급된 사건들 사이에 일어났다(참조, 스 1:1, '포로 후기의 연대기' 도표). 에스더서의 사건들은 20년이 넘는 기간에 일어났는데 BC 483년(아하수에로 3년, 1:3)에서 BC 473년(아하수에로 12년 말, 3:7) 사이에 일어난 사건들이다.

등장인물

에스더서는 성경 가운데 하나님의 이름이 언급되지 않은 유일한 책이다. 신약은 에스더서를 전혀 인용하지 않고 있으며 사해사본에서도 에스더서 필사본은 발견되지 않았다. 에스더서에는 또한 율법이 전혀 언급되어 있지 않으며, 제사나 번제 등에 대해서도 전혀 언급하지 않는다. 이것은 페르시아 제국에 거주하고 있던 유대인들이 하나님의 뜻을 따르지 않고 있었음을 우리에게 알려준다. 그들은 팔레스타인으로 돌아가서 성전에서 예배를 드렸어야 함에도 불구하고 자신들에게 주어진 하나님의 명령을 수행하지 않았다.

금식에 대한 언급도 없지만, 기도에 대한 이야기가 전혀 없다. 포로 후기에 기록된 책들을 보면 주인공들에게 기도는 매우 중요한 것으로 나타나는데(에스라서와 느헤미야서가 좋은 예이다), 이에 비해서 에스더서에는 모르드개나 에스더가 기도했다는 기록을 찾아볼 수 없다. 에스더나 모르드개는 모두 하나님께서 자신의 백성을 보호해 주실 것이라고 하는 것을 확신하는 것 이외에는, 어떤 명확한 영적인 자각을 결여하고 있었던 것으로 보인다.

수신자

에스더서의 원래 수신자들이 누구였는지를 안다면 이 책을 이해하는 데 상당한 도움이 된다. 에스더서에 기록된 사건들이 페르시아 제국 시대에 일어났다는 것을 우리는 본문과 기타 자료들을 통해서 알 수 있지만, 이 책이 언제 기록되었고 원래 수신자가 누구였는지에 대해서는 아무런 외적 증거가 없다.

몇몇 학자들은 에스더서가 페르시아 제국에서 기록되었고, 그런 다음에 팔레스타인으로 전래되어서 성서 모음집(구약성서 모음집. 정경으로 간주된 책들)에 첨가된 것으로 보고 있다. 하지만 좀 더 타당성이 있는 견해는 저자가 팔레스타인에 거주하면서 이 책을 썼는데 그것이 고국으로 돌아오는 이스라엘 백성들에게 도움을 주기 위해서 페르시아 제국에 있는 이스라엘 사람들에게 전달되었다는 것이다. 에스더서가 페르시아인들을 위해서 기록되었다고 하는 주장은 일리가 없는 것으로 보인다. 많은 사람이 고국으로 귀환하지 않으려고 하던 당시에 에스더서의 저자는 하나님께서 이스라엘 백성들을 위해서 일하고 계시다는 사실을 페르시아 제국에 거주하고 있는 이스라엘 백성들에게 알려줌으로써 그들을 격려하기 위해 에스더서를 기록한 것이 틀림없다.

에스더서가 기록된 당시(참조, '저자와 연대' 항목)에 팔레스타인의 유대인들은 국가를 건설하고 성전 예배를 재수립하기 위해서 적들과 투쟁하는 어려움을 겪고 있었다. 성전을 재건하는 데는 21년(BC 536~515년)이 걸렸으며, 에스라서의 후반부에서 명백히 나타나는 것처럼 아닥사스다의 통치 시기(BC 464~424년)에 이스라엘 백성들은 영적으로 좋은 상태에 있지 못했다. 물론 에스라나 느헤미야는 국가가 이렇게 어려운 상황에 처하게 된 이유를 백성들이 신명기에 명백히 제시된 계약을 따르지 않았기 때문이라고 말한다. 이로써 그들은 하나님께서 약속하신 축복을 받는 대신 오히려 하나님의 저주 아래 놓이게 되었다. 그래서 에스더서는 이렇듯 어려움을 겪고 있는 유대인들에게 용기와 힘을 북돋워 주는 역할을 했다. 에스더서는 이스라엘 백성들이 그들 주변의 강대국들이 결코 하나님께서 선택한 백성들을 정복하지 못했음을 알려주는 데 많은 도움을 주었다. 이스라엘을 둘러싸고 있는 나라들이 아무리 많다고 해도 이스라엘은 하나님께서 보호하신다는 사실을 에스더서는 명백히 밝히고 있다. 비록 하나님의 이름이 언급되지 않고 있지만, 에스더서는 이스라엘 백성들이 하나님을 예배하도록 격려했다.

저자와 연대

에스더서에는 저자에 대한 것을 전혀 찾아볼 수 없다. 하지만 그가 누구이든 간에 페르시아의 문화를 매우 잘 알고 있었음이 분명하다. 에스더서에 기록된 사건들은 저자가 그 사건들을 목격하고 기록했다는 뚜렷한 증거를 보여 준다. 또한 저자는 유대인이었을 것이다. 어떤 사람들은 에스라나 느헤미야가 에스더서를 기록했을 것으로 보는데 이 견해를 입증할 만한 구체적인 증거는 없다. 에스더서에 대해 비평적인 견해를 갖는 사람들은 에스더서의 문체와 언어를 기준으로 연구해 본 결과, 이 책이 전통적인 견해와는 달리 상당히 후대에 기록된 것이라고 주장한다. 하지만 최근의 연구에 의하면 이러한 주장이 전혀 근거가 없다는 사실이 밝혀졌다. 우리가 읽고 있는 현재 상태의 에스더서는 아하수에로의 말년(참조, 10:2~3)인 BC 470년과 465년 사이의 어느 때에 기록되었음이 분명하다. 아니면 그의 아들인 아닥사스다의 재위 기간에 기록된 것으로 보인다. 더불어 우리가 잘 알고 있는 성경의 인물 가운데 한 명을 에스더서의 저자로 추측할 근거는 없다.

역사성

에스더서에 기록된 사건들에 대한 역사성 부인은 대체로 다음과 같은 세 가지 유형으로 분류될 수 있다.

1. 에스더서를 기록한 목적 가운데 하나(참조, '목적' 항목)는 종교적 절기인 부림절의 기원을 기술하려는 것이다. 학자들이 '부림'이라는 단어의 의미가 무엇이며 그것이 과연 중요한가 하는 문제로 논란을 벌이고 있지만, 에스더서는 부림절이 하나님께서 자신의 백성을 하만의 손으로부터 기적적으로 구원해 내신 것을 기념하는 날이라는 사실을 명백히 밝히고 있다. 부림절에서 가장 강조되는 것은 바로 하나님께서 주권적으로 역사하셨다는 것이다. 하지만 많은 비평학자들은 이것이 너무 단순한 설명이며 부림절의 이야기는 민담으로 생겨난 것이라고 주장한다. 하지만 에스더서의 기사들이 부림절의 기원에 대한 충분한 설명이 되지 못한다고 평가절하할 아무런 뚜렷한 증거가 없다. 그리고 비평학자들의 주장을 입증할 만한 자료 역시 찾아볼 수 없다.

2. 많은 사람은 에스더서에 기록된 사건들의 역사성을 의심하는데, 그

이유는 성경 외적인 자료들에 에스더의 인물들에 대한 언급이 없다는 것이다. 물론 아하수에로 왕에 대해서 언급하고 있는 성경 외적인 자료는 있다. 그러나 이 기록들은 에스더 왕비나 모르드개나 하만에 대해서는 전혀 언급하지 않고 있다. 이 문제에 대한 답변은 가능하다. 물론 에스더에 기록된 사건들이 실제로 일어난 사건들이라고 하는 외적인 증거는 전혀 없다(그러나 모르드개에 대한 성경 외적인 증거는 있다. 참조, 2:5~7 주해). 하지만 성경 이외의 다른 자료들에 에스더가 언급되지 않았다고 해서 그것이 곧 에스더가 실제하지 않았다는 것을 의미하지는 않는다. 헤로도토스와 크데시아스는 아메스트리스라는 여자가 아하수에로의 왕비였다고 기록하고 있다. 그녀는 다음 통치자인 아닥사스다의 모친이다. 하지만 헤로도토스는 아메스트리스가 아하수에로의 통치와는 관련이 없고, 많은 시간이 흐르고 난 이후 그녀의 아들의 통치 때와 관계가 있다고 말한다. 만약 아메스트리스가 와스디이며 그녀가 BC 482년(아닥사스다는 BC 483년에 태어났다)에 폐위되었다가, 그녀의 아들이 BC 464년에 즉위할 때까지 어떤 기록에도 전혀 언급되지 않았다고 한다면, 아하수에로가 죽을 때까지 모든 것을 관장했던 왕비는 바로 에스더라고 보는 것이 타당하다. 와스디가 에스더서의 기록 이전에 폐위되었다 할지라도 에스더서의 저자는 와스디의 폐위가 에스더서의 기록 목적에 부합하다고 여겼기 때문에 포함시킨 것으로 보인다. 에스더라고 하는 이름이 언급된 역사 기록이 현존하지 않기 때문에 에스더가 실존 인물일 수 없다고 하는 주장은 불합리하다. 그녀가 실제로 존재했다는 사실은 페르시아의 연대기와 그 시대적인 상황에 잘 부합된다.

3. 어떤 비평학자들은 아하수에로 왕에 대한 기록이 부적절하다고 판단한다. 그들은 '왜 왕이 이해할 수 없는 방법으로 왕비를 새로 선택했는

가?'라고 질문한다. 이 문제에 답변하기 위해서 필자는 성경에 기록된 사건의 신빙성을 부정할 만한 증거가 전혀 없다는 점을 강조하고 싶다. 사실 아하수에로가 왕비를 취할 때 사용한 이해할 수 없는 방법과 그가 수산에서 거느린 대규모의 하렘은 다른 자료에도 언급되어 있다.

많은 증거가 에스더서에 기록된 사건들의 역사성을 뒷받침해 주고 있다. 아하수에로는 페르시아의 왕으로 실존 인물이다. 그가 베푼 연회는 유명하다. 아하수에로는 분별력이 없었으며 때때로 화를 내다가 발작을 하곤 했다(1:12; 7:10). 그는 수산에 왕궁을 갖고 있었으며 거기에 대규모의 하렘을 두었다. 그 궁전의 다양한 특징은 다른 자료들에서도 입증되고 있다.

목적

앞에서 이미 언급한 대로, 에스더서는 귀환한 유대인 포로들에게 하나님께서 이스라엘에 하신 약속을 지키실 것이라는 사실을 새롭게 일깨워 줌으로써 그들에게 용기를 북돋워 주기 위해서 기록되었다. 에스더서의 저자는 하나님께서 고국으로 돌아가지 않은 에스더와 모르드개처럼 아무리 '불복종하는 백성들'이라고 해도 자신의 백성을 영원히 지켜주실 것임을 기록하고 있다. 에스더서의 저자는 부림절이 어떻게 시작되었는지에 대해서도 설명하고 있다. 이 부림절은 매년 지켜졌는데 이 절기는 남은 자들에게 용기를 주었다.

The Bible Knowledge
Commentary

개요

I. 높은 자리에 오르게 된 에스더(1:1~2:20)

    A. 아하수에로에 의한 와스디의 폐위(1장)

        1. 187일간의 왕의 연회(1:1~9)

        2. 와스디의 폐위(1:10~22)

    B. 에스더가 왕비의 자리에 오름(2:1~20)

        1. 새 왕비를 선택하자는 제안(2:1~4)

        2. 에스더가 하렘에 오다(2:5~11)

        3. 에스더가 왕비로 선택되다(2:12~20)

II. 멸절 위기에 처한 유대인들(2:21~4:3)

    A. 유대인과 원수 관계에 있는 하만이 유대인을 미워함(2:21~3:6)

        1. 모르드개가 왕의 생명을 구하다(2:21~23)

        2. 하만의 승격(3:1~6)

    B. 하만이 유대인들을 멸절시키도록 왕을 설득함(3:7~15)

        1. 하만에 의해 주사위가 던져지다(3:7~9)

        2. 왕의 허가가 내려지다(3:10~11)

        3. 조서가 전국에 선포되다(3:12~15)

    C. 모르드개의 통곡(4:1~3)

Ⅲ. 에스더에 의해서 바뀐 운명(4:4〜9:19)

      A. 에스더와 모르드개 사이의 소통(4:4〜17)
      B. 에스더에 의해서 드러난 계획(5〜7장)
         1. 잔치 준비(5:1〜4)
         2. 두 번째 잔치 준비(5:5〜8)
         3. 하만이 자만에 빠져서 교수대를 세우다(5:9〜14)
         4. 아하수에로에게 인정받은 모르드개(6장)
         5. 아하수에로가 하만의 음모를 듣고 하만을 교수형에 처하다(7장)
      C. 구원받은 유대인들이 원수를 갚음(8:1〜9:19)
         1. 모르드개가 하만의 자리를 대신하다(8:1〜2)
         2. 두 번째 조서가 선포되다(8:3〜14)
         3. 유대인들이 기뻐하다(8:15〜17)
         4. 유대인들이 복수를 하다(9:1〜19)

Ⅳ. 부림절의 제정(9:20〜32)

Ⅴ. 모르드개의 위대함(10장)

וַיְהִי בִּימֵי אֲחַשְׁוֵרוֹשׁ הוּא
בַּיָּמִים הָהֵם כְּשֶׁבֶת הַמֶּלֶךְ אֲחַשְׁוֵרוֹשׁ עַל כִּסֵּא מַלְכוּתוֹ אֲשֶׁר בְּשׁוּשַׁן הַבִּירָה
לְמָלְכוֹ עָשָׂה מִשְׁתֶּה לְכָל־שָׂרָיו וַעֲבָדָיו חֵיל פָּרַס וּמָדַי הַפַּרְתְּמִים וְשָׂרֵי הַמְּדִינוֹת לְפָנָיו
בִּשְׁנַת שָׁלוֹשׁ
וְאֶת־יְקָר תִּפְאֶרֶת גְּדוּלָּתוֹ יָמִים רַבִּים שְׁמוֹנִים וּמְאַת יוֹם

The Bible Knowledge Commentary 8

Esther
주해

주해

I. 높은 자리에 오르게 된 에스더(1:1~2:20)

이 부분에서는 하나님께서 자신의 백성을 구원하시기 위해서 준비하
시는 모습과 그 구원의 배경을 언급하고 있다. 오늘날 에스더서의 독자들
과 마찬가지로 이 책의 원래의 독자들은 당시의 배경을 잘 알고 있었기 때
문에 이 책이 전하려는 메시지를 충분히 이해했을 것이다.

에스더서 저자는 페르시아 왕궁의 연회 상황과 에스더가 높은 지위에
오르게 된 이유를 어느 정도 상세하게 묘사하고 있다. 에스더서의 저자는
역사적인 사실들을 주의깊게 전달할 뿐만 아니라 훌륭한 이야기꾼으로서
내용을 전개해 나가고 있다.

A. 아하수에로에 의한 와스디의 폐위(1장)

1. 187일간의 왕의 연회(1:1~9)

1:1 에스더서는 "아하수에로는 인도로부터 구스까지 백이십칠 지방을 다스리는 왕"(참조, 8:9)이라는 구절로 시작한다. 아하수에로는 에스더서의 히브리 본문에서 줄곧 아하수에로로 불리는데(참조, NIV 난외주), BC 485년부터 465년까지 21년동안 페르시아 제국을 다스렸다. 그는 에스더서 외의 성서에서 에스라 4장 6절과 다니엘 9장 1절에만 언급되고 있다. 그가 다스렸던 제국이 광대했다는 것은 그 제국의 크기를 묘사하고 있는 몇 가지 다른 자료들이 입증해 왔다(참조, 스 1:1, '페르시아 제국' 지도). 유다는 아하수에로가 다스리는 한 지역에 불과했다(참조, 느 1:2). 인도는 오늘날의 서파키스탄에 해당한다. 구스는 나일강 상류 지역을 가리키는 것으로, 오늘날의 이집트 남부지역, 수단 전지역, 에티오피아 북부 지역을 포함하는 지역이다.

1:2 아하수에로는 페르세폴리스에 웅장한 궁전을 가지고 있었을 뿐 아니라, 수산에는 성(궁전)이 있어서 겨울을 거기서 보냈다(참조, 느 1:1). 페르세폴리스와 엑바타나(스 6:2)는 당시 페르시아 제국에서 수산 다음가는 대도시였다(참조, 스 1:1, '페르시아 제국' 지도). 아하수에로의 아들 아닥사스다 시대의 비문에는 그 왕궁이 아닥사스다 재위 기간 도중에 화재로 소실되었다고 기록되어 있다. 에스더 1장 2절에 언급된 궁이 바로 이 성이라고 하는 사실은 수산에서 행해진 고고학적인 작업에 의해서 확증되었다. 후대의 성서 기자들은 궁전 화재 사건을 알지 못했을 것이고, 그래서 에스더서의 기자는 연대기적으로 보아 사건이 일어난 시기의 사람일 것으로 추정된다.

1:3~4 "왕위에 있은 지 제삼년"(BC 483년)에 아하수에로는 "그의 모든 지방관과 신하들을 위하여 잔치를" 베풀었다. 그래서 "바사와 메대의 장수와 각 지방의 귀족과 지방관들이 다 왕 앞에" 나아왔다. 이러한 지도자들이 언급된 것은 페르시아 제국이 대규모의 행정 체제를 갖고 있었다는 사실과 일치한다. 비록 기록되지는 않았지만 이 연회는 아마도 아하수에로가 그리스를 침공하려고 계획하고 있을 때 베푼 연회였을 것이다. 헤로도토스에 따르면 아하수에로는 그리스를 침공하기 위해서 4년간 준비했으며 BC 481년에 그 계획을 실행했다(헤로도토스가 말하는 4년은 아하수에로의 통치가 시작된 BC 485년부터이다). 모든 지방관들이 전쟁을 준비하고 아하수에로의 '부함과 위엄'에 감동하는 데 180일이라는 시간이 소요된 것에는 의심할 바 없다. 그리스 침공은 상당한 경비가 들었다.

에스더서는 아하수에로의 그리스 침공에 대해서는 전혀 거론하지 않고 있다. 하지만 다른 자료들은 그가 아덴 근처의 마라톤에서 패배한 그의 아버지의 원수를 갚고자 했었다고 말하고 있다. 아하수에로의 대규모의 함대는 테르모필레에서 그리스 함대를 패퇴시켰다. 그러나 BC 480년의 유명한 살라미 전투와 BC 479년의 플라테아 전투에서는 패했다. 아하수에로는 귀국해야 했다. 에스더는 BC 479년에 왕의 총애를 받았는데 이때가 아하수에로 재위 7년째 되던 해였다(2:16). 이 사건은 그가 그리스군에게 패한 후에 일어났던 것으로 보인다. 그래서 에스더서에 기록된 사건들은 일반적인 사료에 기록된 사실들과 일치한다.

1:5~9 180일간의 잔치가 끝나고 나서 아하수에로는 또 다른 잔치를 베풀었다. 그리고 이 잔치는 왕의 도성 "수산에 있는 귀천간의 백성을 위하여", "칠 일 동안" 베풀어졌다. 잔치에는 귀천을 막론하고 많은 사람들이 초대되었다. 왕의 궁전 후원의 장식들을 언급한 것을 보면(6~7절) 에스더서의 저자가 직접 그 광경을 보고 기록한 것으로 생각되는데, 그 묘사에 에스더서 저자의 생생한 감정이 나타나 있다. 아마도 모르드개는 이후 베풀어진 7일 동안의 잔치에 초대받은 것으로 보인다. 세마포, 은, 대리석 그리고 여러 보석은 페르시아에서 사용해 온 것이며, "금과 은으로 만든" 페르시아 "걸상"(참조, 7:8)은 헤로도토스의 기록에도 나오고 있다. '백색, 녹색'은 왕을 상징하는 색이다(참조, 8:15). 술잔들(금속 또는 유리로 만든 손잡이가 없는 긴 밑받침이 달린 잔)은 페르시아에서 만들어진 고급품으로, 매우 값나가는 것으로 만들어졌다. 이 잔치는 참석한 모든 사람이 각자 자기의 잔을 가지고 술을 마시고 싶은 대로 마셨다. 다른 말로 하면 왕이 술 마시는 것을 자유롭게 했다는 것이다. 한편 와스디는 여인들을 위한 잔치를 따로 베풀었다. 이렇게 남녀가 따로 잔치를 벌이는 것은 당시 문화적인 상황에 있어서 당연한 일이었다.

2. 와스디의 폐위(1:10~22)

1:10~12 아하수에로는 그의 일곱 내시들(참조, 6:14)을 불러서 "왕후 와스디를 청하여 왕후의 관을 정제하고 왕 앞으로" 나오도록 해서 "그의 아리따움을 뭇 백성과 지방관들에게 보이게" 했다. 그러나 와스디는 이러한 명을 거부했다. 여기에 언급된 내시는 나중에 다시 언급된다(하르보나, 7:9). 이 명령은 일곱째 날, 즉 주연(drunken party)으로 변한 잔치의 마지막 날에 내려졌다. 왕을 섬기던 '일곱 내시들'이 언급되는 것은 그 사건이 일어난 당시의 상황과 일치한다. 왕을 섬기던 젊은 사람들에게 거세를 해서 그들이 반역을 하지 못하도록 한 것은 당시에 잘 알려진 관습이었다.

와스디가 왜 오기를 거절했는지는 설명하지 않고 있다. 왕이 그녀를 비도덕적으로 대하거나 전시물로 생각했다는 점은 어디에서도 찾아볼 수 없다. 아마도 그녀는 단지 많은 사람이 뒤섞여 있는 연회 장소에 나가고 싶지 않았을지도 모른다. 그리고 한 가지 추측할 수 있는 것은 이 왕비가 아메스트리스라면, 아마도 그녀는 아닥사스다를 잉태하고 있었기 때문에 연회 장소에 나가기를 거절했을지도 모른다는 점이다. 아닥사스다는 BC 483년에 태어났다. 그녀가 왜 거절했는지 그 이유는 잘 모르지만 어쨌든 그녀의 이러한 행동이 당시 예의에서 어긋났던 것은 틀림없다. 아하수에로 왕은 자신이 원하는 것은 무엇이든 그가 원하는 때에 얻기를 바랐다. 그렇기 때문에 와스디 왕후의 거절은 그를 진노케 만들었다(참조, 7:7).

1:13~15 왕은 어떻게 하면 좋을지 현자들에게 물었다. 이 일곱 사람은 왕의 특별한 신임을 받고 있었으며 또한 법률에 능통했다. 헤로도토스는 왕궁에 현자들이 있었다는 것을 고대 근동의 보편적인 특징이라는 점을

들어서 이 사실을 확증했다. 고대 근동 전역에서 현자는 행정적인 측면에서 매우 중요한 역할을 했다(예를 들면, 바빌로니아와 페르시아 제국에서 다니엘이 했던 일). 왕비가 범한 죄명은 그녀가 왕의 명령에 불복했다는 것이다. 분명히 왕과 왕비는 감정적으로 그렇게 친밀하지 못했던 것 같다. 이것은 아하수에로와 그의 후궁들과의 관계에 있어서도 마찬가지였다. 이러한 사실은 에스더가 모르드개에게 자신이 왕을 한 달 동안이나 알현하지 못해서 왕에게 알현을 청하는 것이 두렵다고 하는 말에서 다시 나타난다(4:11).

1:16~22 아하수에로의 현자들 가운데 한 사람인 므무간은 왕이 왕후를 폐위시키고(19절), 그런 다음 제국의 다른 귀부인들(18절. 사실은 제국의 모든 여인들[20절])이 와스디의 행실을 따라서 남편들을 무시하지 않도록 하고(17절) 남편을 멸시하는 풍조를 방지함으로써 결혼 생활의 무질서를 초래하지 않도록 하자(18절)고 제안했다. 이러한 형벌이 제국의 여인들이 남편을 존경하게 만들지는 모르겠지만, 어쨌든 이것이 선포의 내용이었다. 이것은 그 사람들이 심히 취했다(1:10)고 하는 사실에서 부분적으로 설명이 된다('왕이 만일 좋게 여기실진대'라는 말은 구약에서 모두 아홉 번 사용되었다. 그 가운데 일곱 번이 에스더서에 등장한다. 느 2:5, 7; 에 1:19; 3:9; 5:4, 8; 7:3; 8:5; 9:13).

그 제안이 왕과 지방관들의 마음에 들었다. 그래서 조서가 여러 나라 언어로 전 제국에 공포되었다(참조. 3:12). 이 조서에는 남편으로 그 집안을 주관하도록 하라고 기록되어 있었다. 광대한 지역을 연결해 주는 통신 체계는 말이었는데, 이러한 통신 체계가 제국 전역에 빠른 속도로 소식을 전했다(참고. 3:13; 8:10). 에스더가 그 조서를 보고 나중에 왕후의 자리에 오를 수 있었다.

B. 에스더가 왕비의 자리에 오름(2:1~20)

에스더는 유대인이었기에 자신의 조국인 이스라엘을 도울 수 있는 위치에 있었다. 그녀가 왕비의 자리에 오른 것은 이스라엘이 도움을 요청하기 전에 일어났다. 에스더서의 원래 독자들은 이것이 하나님께서 자신과 계약을 맺은 백성들을 보호하시려는 또 다른 역사하심이라는 사실을 분명하게 인식했을 것이다.

1. 새 왕비를 선택하자는 제안(2:1~4)

2:1~4 왕의 분노가 가라앉은 다음에 왕은 자신이 어리석게 행동했다는 사실을 깨달았다. 에스더서를 보면 왕은 신하들의 손에 의해 조정된 것을 알 수 있다. 아하수에로는 권력을 가진 다른 사람들과 마찬가지로 밖의 사정을 알기 위해서 다른 사람의 귀와 눈을 빌릴 수밖에 없었다. 그리고 항상 좋은 정보만을 제공받지는 못했다.

이러한 상황에서 왕에게 아름다운 젊은 처녀들(결혼하지 않은 여자들)을 수산으로 데리고 와서 헤개(궁녀들을 관리하는 내시)를 통해 아름답게 가꿔(참조, 9절) 그 가운데 한 여자를 왕이 선택해서 와스디를 대신하게 하라는 제안이 들어왔다. 그의 개인 신복들(아마도 법을 아는 현자들이었을 것이다. 1:13~14)은 와스디를 폐위시켜야 한다고 주장했다. 그들은 아하수에로가 와스디를 용서함으로써 그녀가 자신들에게 복수하는 것을 바라지 않았다. 그들의 제안이 그럴 듯해서 왕은 그대로 따랐다. 아하수에로가 수산에 후궁을 두었다는 사실은 다른 사료들에서도 찾아볼 수 있다. 그는 페르시아 제국 전역에서 여자들을 새로 데리고 와서 나이든 여자들과 계속 교체했다.

2. 에스더가 하렘에 오다(2:5~11)

2:5~7 모르드개는 마르둑 신에서 유래된 바벨론식 이름이다. 마르둑이라는 이름은 5세기의 아람 기록에서 입증된다. 모르드개는 베냐민 지파에 속한 유대인이었다. 그는 자신과 조카가 유대인이라는 사실을 숨기기 위해 노력했다(2:10, 20). 6절은 모르드개가 느부갓네살에 의해서 여호야긴(BC 597년)과 함께 유배된 것으로 보인다. 그러나 이것은 모르드개가 아하수에로 3년에는 115세 가량 되고, 에스더는 80살이 되기 때문에 불합리하다. 오히려 모르드개의 조부인 기스가 BC 597년에 포로로 잡혀왔다고 보는 것이 낫다.

모르드개의 사촌인 에스더 역시 베냐민 지파인데, 그녀는 모르드개에 의해서 양육되었고 그녀의 양친은 아직 그녀가 어렸을 때 사망했음이 분명하다. 그녀의 아버지는 아비하일(2:15; 9:29)이었다. 에스더(별)라는 이름은 페르시아 이름이다. 그녀의 히브리 이름은 하닷사이다. 이것은 은매화를 의미한다. 그녀는 용모가 곱고 아리따웠다.

2:8~11 에스더는 아하수에로의 하렘에 불려가서 거기서 왕의 선택을 기다리고 있었다. 거기에는 수산에 불려온 많은 다른 젊은 여인들이 있었

다. 에스더는 얼마 지나지 않아서 내시 헤개(참조, 2:3)의 마음을 사로잡았다. 그 결과 에스더는 하렘에서 총애받는 위치에 오르게 되었다. 헤개는 에스더에게 몸을 아름답게 가꾸는 것(참조, 2:3)과 특별한 음식, 즉 일상적인 음식보다 훨씬 뛰어난 음식을 주었다. 에스더는 또 그녀를 섬길 일곱 명의 시녀들을 받았다. 하렘에서는 최소한 12개월을 기다려야 했다(2:12). 그래서 에스더는 자신에게 주어진 이점을 최대한 이용했던 것 같다.

에스더는 자신이 유대인이라는 사실을 감추고(참조, 2:20) 헤개나 그녀의 시녀 등 어느 누구에게도 말하지 않았는데, 이것은 모르드개가 그렇게 하라고 했기 때문이다. 이러한 사실과 더불어 에스더서의 다른 구절들에서도 나타나듯이 비록 에스더와 모르드개가 하나님께서 이스라엘 백성들에게 명하신 율법에 따라서 살고 있지 않았지만, 하나님께서는 그들을 보호하시고 사용하셨다는 사실을 알 수 있다. 율법에 의하면 에스더는 이방인과 결혼할 수 없었다(신 7:1~4). 그리고 그녀의 남편이 아닌 사람과는 성적인 관계를 맺을 수 없었다(출 20:14). 에스더는 다니엘과 대조된다. 다니엘은 유대법에 의하면 부정한 것이라는 이유로 왕의 식탁에서 나온 음식을 먹지 않았는데(단 1:5) 에스더는 자신이 먹는 음식에 대해서 아무런 거리낌이 없었다(에 2:9). 그녀는 다니엘이 했던 것처럼 자신을 성별시키지는 않았다.

3. 에스더가 왕비로 선택되다(2:12~20)

2:12~15 에스더는 왕의 부름을 받기 위해서 준비하는 동안 사람들로부터 최고의 사랑을 받았다. 각 소녀들에게 주어진 화장품은 그녀들의 아름다움을 부각시키는 역할을 했다. 몰약은 작은 나무에서 채취한 반고체

물질인데 아름다운 향을 발산시켰다.

에스더는 미녀 선발대회에 나가서 뽑혀 왕의 총애를 받은 것이 아니다. 거기에 모인 여인들은 모두 왕과 성적인 관계를 갖기 위해서 준비했다. 이것은 '저녁이면 갔다가 아침에는' 돌아왔다고 하는 구절에서 알 수 있다. 그 후에 그들은 후궁으로 옮겨져 비빈을 주관하는 사아스가스의 수하에 놓였다. 대부분의 여인들은 그들의 여생을 비빈들의 후궁에서 보내야만 했다. 그 가운데는 두 번 다시는 왕의 얼굴을 보지 못한 여인들도 많았다. 에스더가 왕에게로 들어갔을 때 그녀는 내시 헤개의 가르침에 따랐다.

2:16~20 에스더는 BC 479년, 아하수에로 즉위 7년째 해 10월(데벳월은 바빌로니아에서는 12~1월이다)에 왕의 부름을 받았다. 왕은 에스더에게 마음이 끌려서 와스디 대신 에스더를 왕비로 삼았다. 그러고 나서 큰 잔치를 베풀고 그날을 휴일로 선포하고 많은 선물을 하사했다. 이러한 모든 일들이 진행되는 동안에 에스더는 자신이 유대인이라는 사실을 전혀 밝히지 않았다(참조, 10절). 모르드개는 대궐문 앞에 앉아 있었는데 이것은 그가 페르시아 제국의 사법청 관직에 있었다는 것을 의미한다. 그의 지위는 그 이후에 일어나는 사건들을 가능케 했다. 모르드개는 내시들의 왕을 시해하려는 음모를 알고 그것을 왕에게 참소했다.

II. 멸절 위기에 처한 유대인들(2:21~4:3)

많은 사람은 에스더서가 매우 짧다는 사실에 주목해 왔다. 에스더서는 룻기처럼 한 여인에 대해서 다루고 있다. 에스더서는 위대한 문학 작품의 모든 요소를 고루 갖추고 있는데, 갈등, 박해자, 긴장, 아이러니 등이 담겨 있다. 박해자인 하만이 여기에 소개된다. 그와 모르드개와의 갈등이 시작된다.

A. 유대인과 원수 관계에 있는 하만이 유대인을 미워함(2:21~3:6)

1. 모르드개가 왕의 생명을 구하다(2:21~23)

2:21~23 다시 모르드개가 대궐문 앞에 앉아 있다는 말이 나온다. 이것은 앞에서도 언급한 것처럼 그가 사법청의 관리였다는 사실을 알려준다. 문을 지키는 내시인 빅단과 데레스가 왕을 살해하려는 음모를 꾸미는 것을 알게 된 모르드개는 이 사실을 에스더에게 알렸고, 에스더는 바로 왕에게 전했다. 에스더는 그 음모를 고발하는 데 있어서 모르드개의 이름으로 했다. 그래서 음모에 가담했던 두 사람은 나무(혹은 '장대', NIV 난외주. 참조, 5:14)에 달리게 되었다. 그들은 오늘날 사용하는 교수대가 아닌 긴 장대 위에 달렸다(참조, 스 6:11). 이것은 당시 페르시아에서는 많이 사용되던 처형 방법이었다. 아하수에로 왕의 아버지인 다리우스 왕은 3천 명의 사람을 장대에 꽂아 달아 놓은 것으로 알려져 있다. 이 암살기도에

대한 것이 연대기, 즉 궁중 공식 문서에 기록되었다(참조, 6:1~2).

2. 하만의 승격(3:1~6)

3:1 하만은 아하수에로에 의해서 페르시아 제국의 서열 2위에 오르게 되었다. 이것은 앞서 언급된 사건(즉 모르드개가 왕을 암살로부터 구하고 그일을 계획한 두 사람이 처형된 사건) 후에 일어났다. 우리는 모르드개가이런 공을 세웠기 때문에 상을 받는 것이 당연하다고 생각하지만 아무런상도 주어지지 않았다. 이것은 부분적으로는 관료제의 서투름에서 비롯된 것으로 보인다. 모르드개의 공이 무시된 것이 나중에 왕을 놀라게 했다(참조, 6:1~3).

하만은 아각 사람이었기 때문에 어떤 사람들은 그가 아각, 즉 아말렉의 왕(삼상 15:8)의 후손일 것으로 생각해 왔다. 하지만 페르시아의 최고관리가 그보다 600년 이전에 살았던 서부 셈 인과 관계가 있다고 하는 주장은 시대착오적인 것 같다. 고고학자들은 아각이 페르시아 제국의 한 지역의 이름이었다는 사실이 기록되어 있는 한 비문을 발견했다. 이것은 아마도 하만이 왜 아각 사람으로 불렸는지를 밝히는 데 도움을 줄 것으로보인다.

3:2~4 하만의 승격은 다른 귀족들이 그에게 무릎을 꿇었다는 것을 의미한다. 다른 사람들은 하만에게 특별한 경의를 표했다. 이것은 예배의행위는 아니다. 왕의 대궐문 앞에 앉아 있는 관리들은 하만 앞에서는 무릎을 꿇어야만 했다. 당시 하만은 왕 다음 가는 위치에 있었다. 모르드개는 자신이 유대인이기 때문에 하만에게 절하지 않겠다고 말한다. 모르드

개는 매일 그렇게 했는데 이것은 종교적인 양심에 의한 것이 아니고 자만심에서 비롯되었다. 몇 년 동안 모르드개는 에스더에게 그녀가 유대인이라는 사실을 말하지 말라고 했다(2:10, 20). 하지만 모르드개는 페르시아의 최고 관리에게 절하지 않으면서 자신이 유대인이라는 사실을 그 핑계로 댄다.

3:5~6 하만은 모르드개가 자신에게 절을 하지 않자 화가 났다(참조, 5:9). 그래서 모르드개뿐만 아니라 모든 유대인을 죽이기 위한 방법을 모색했다. 이것은 반셈족 사상의 초기 예이다. 이 긴장감 도는 사건은 문학적인 구성으로 봤을 때 위기에 속한다(절정은 하만이 유대인에 대한 음모자라는 사실이 밝혀질 때 일어난다. 7:6). 만약 유대인들이 아하수에로의 왕국 전 지역에 걸쳐 죽임을 당하게 된다면, 이것은 팔레스타인의 땅에 살고 있는 사람들도 포함한다. 후자의 유대인들은 하나님께 신실했으며 재건된 성전에서 예배를 드리고 율법의 조항에 따라서 살았다(참조, 스 1~6장 주해). 수천 명의 유대인들이 대량 학살되는 것은 하나님의 계획을 좌절시킬지도 모른다. 하지만 하나님께서는 결코 방해를 받으시는 분이 아니다(욥 42:2). 그는 인간의 악마적인 노력들을 때로는 기적적인 행위로서, 때로는 에스더서에서 계속 이어져 나오는 과정들에서 나타나는 것처럼 우연한 일처럼 보이는 사건들을 통해서 바꾸실 수 있다. 하나님께서는 항상 그의 백성의 편에서 일하신다.

B. 하만이 유대인들을 멸절시키도록 왕을 설득함(3:7-15)

1. 하만에 의해 주사위가 던져지다(3:7~9)

3:7 하만은 '부르'(바벨론어로는 '제비'를 의미한다)를 사용해서 유대인들을 죽일 시간을 결정했다. 에스더서의 원래 독자들은 하나님께서 어려운 상황 속에서도 자신의 백성을 지켜주신다고 하는 명확한 사실을 이해했을 것이다. 여러 일들이 진행되는데, 유대인들은 그들의 적과의 전쟁을 준비하기 위해서 거의 일 년을 보냈다.

BC 478년(에스더가 왕비가 된 해)부터 4년이 조금 지난 BC 474년, 아하수에로 즉위 12년, 그해 첫날인 니산월(4~5월)에 부르가 던져졌는데 거기서 유대인들의 박해가 시작될 날짜와 달이 정해졌다. 부르는 부림절이라고 하는 이름의 근거가 되었다(9:26). 하만은 페르시아 제국의 많은 사람처럼 미신이 강했다(참조, 6:13). 페르시아 종교제도는 운명과 기회를 강조했다. 하만은 제비를 던져서 유대 백성들에 대항하는 행동으로 그의 운명에 따랐다. 그는 하나님께서 모든 것을 창조하시고 모든 사건을 주관하신다는 사실을 전혀 알지 못했다. 그 제비를 던지는 것까지도 하나님의 뜻임을 알지 못했다(잠 16:33; 참조, 행 1:26 주해). 하나님께서는 그의 백성을 하만의 계획에서 구하시기 위한 준비를 이미 하고 계셨다. 제비로 선택된 달은 12월이었다(2~3월). 거의 일 년 후였다. 후대에 진술된(3:13) 날은 그달 13일이었다(참조, 8:12; 9:1).

3:8~9 하만은 왕에게 자신의 계획을 알리기 위해 갔다. 그는 유대인들이 왕의 법을 지키지 않았다고 거짓 고소하면서 제국 전역에 흩어져 있는 유대인들을 처형하는 것이 좋을 것이라고 왕에게 제안했다. 하만은 이 일을 처리하는 데 소요되는 비용 전액을 자신이 대겠다고 말했다. 하만은 막대한 재산을 가지고 있었던 것으로 보인다. 왕 다음 가는 지위를 이용해서 그가 자신의 재산을 늘렸을 것임은 분명하다. 은 일만 달란트는 약 34만 킬로그램에 해당하는 것으로, 오늘날의 화폐 단위로 말하면 수백만 달러에 달하는 엄청난 액수이다. 하만이 지불하겠다고 말한 금액은 쉽게 지불할 만한 액수가 아니다. 하만은 부정한 방법이 아니고서는 그 많은 재산을 모으지 못했을 것이 분명하다(흥미로운 사실은 왕이 그에게 그 금액을 지불하도록 하지 않았다는 것이다. 11절). 그 당시에 페르시아는 화폐의 기준으로 은을 사용하고 있었다.

2. 왕의 허가가 내려지다(3:10~11)

3:10~11 아하수에로는 앞에서 말했던 것처럼 신하들의 말에 쉽게 넘어갔다(참조, 1:16~22; 2:2~4). 그는 하만의 충고를 받아들이고 묵인했다. 자신의 반지를 하만에게 줌으로써 아하수에로는 유대인의 대적으로 불리는 하만이 제국 전역에 왕의 이름으로 조서를 선포하도록 했다. 에스더서에는 하만이 유대인의 원수로 다섯 번 언급되고 있다(참조, 7:6; 8:1; 9:10, 24). 반지는 토판 위에 찍으면 도장처럼 찍히는데 그것은 왕의 권위를 상징했다(참조, 3:12; 8:2, 8; 창 41:42; 단 6:17; 학 2:23). 왕은 하만이 원하는 대로 백성들에게 시행하게 했다. 왕은 그의 왕비인 에스더가 유대인이며 그녀 역시 이 은밀한 계획에 연루되어 있다는 사실을 꿈에도 알지 못했다.

3. 조서가 전국에 선포되다(3:12~15)

3:12~15 하만의 선포는 왕의 이름으로 모든 지방에 다양한 언어들로 선포되었는데(참조, 1:22), 거기에는 유대인들을 어린아이나 부녀자를 막론하고 죽이도록 했다. 하만은 이 세상에서 하나님과 계약을 맺은 백성을 제거하려고 마음먹었다. 그리고 그 명령을 수행하도록 위촉받은 사람들은 유대인들의 재산까지도 몰수하도록 지시를 받았다. 그 조서가 선포된 날은 BC 474년 3월이었다(법령이 신속하게 전파된 부분에 대해서 1장 22절의 주해를 보라).

그 조서는 수산 성에 사는 사람들을 당황하게 했다(참조, 8:15). 이러한 조서가 왕궁에서 하달된 적은 전혀 없었다. 아하수에로는 하만이 세운 무자비한 계획에 대해 전혀 무관심했는데, 고도의 문화를 자랑하던 사회가 그토록 잔인한 행동을 했다는 것은 전혀 납득할 수 없다. 아마도 수산 성에 살고 있던 소수 민족들은 자신들이 유대인에 이어서 처형되는 것이 아닌가 하여 당혹했을 것이다.

C. 모르드개의 통곡(4:1~3)

4:1~3 모르드개가 하만에게 절을 하지 않은 이유가 무엇이었든지 간에, 그는 이제 하만의 계획을 알고 크게 통곡하기 시작했다. 그가 하만에게 품은 감정이 정당한 것인지 아닌지는 몰라도 유대인들을 커다란 위기 속에 몰아넣은 것만은 사실이다. 그는 하나님의 선택된 백성들이 멸절되어

서 하나님의 계획이 좌절되는 것을 염려했다. 그는 하만이 이번 일을 추진하면서 얼마나 많은 돈을 지불하겠다고 왕에게 제의했는지 알고 있었다(7~8절). 모르드개는 굵은 베옷을 입고 재 가운데 앉아서 통곡하면서 그 엄청난 음모를 사람들 앞에 알렸다(참조, 창 37:34; 렘 49:3; 단 9:3; 욜 1:13; 욘 3:6). 그는 자신이 국적을 드러내서(3:4) 백성들이 죽게 되었다는 사실에 애통하고 있었다. 유대인들은 어느 곳에서든 그 조서의 내용을 듣고 모르드개와 동일한 생각을 했다. 에스더서에는 기록되어 있지 않지만 많은 사람이 열정적으로 기도했을 것임이 분명하다. 그러는 동안 하나님께서는 자신의 백성을 구출하기 위해서 일하고 계셨다.

Ⅲ. 에스더에 의해서 바뀐 운명(4:4~9:19)

에스더와 모르드개가 신앙이 투철한 사람이었다는 기록은 에스더서 어느 곳에서도 찾아볼 수 없다. 하지만 우리가 한 가지 확실하게 알 수 있는 것은, 그들이 하나님께서 자신의 택하신 백성의 안녕을 위해서 관심을 기울이고 있다는 점을 믿고 있었던 것으로 보인다. 이러한 절정의 순간에서 다양한 사건들이 얽혀 있는 모습은 하나님께서 자신의 백성들을 위해서 일하시면서 자신의 주권을 드러내신다는 사실을 보여 준다. 하나님의 이름은 비록 언급되지 않았지만, '우연'이라는 말이 빈번히 사용되는 것으로 보아서 이것이 하나님의 섭리하심을 의미하는 것으로 보인다.

A. 에스더와 모르드개 사이의 소통(4:4~17)

4:4~8 이 부분에서 나타나는 사건들은 에스더에게 주어진 하닥이라고 하는 왕의 내시 한 사람을 중심으로 진행되고 있다. 에스더는 한 달 동안 왕의 얼굴을 보지 못했다(4:11. 이것은 에스더가 왕의 총애를 잃었다는 것을 의미하지는 않는다). 아하수에로의 왕비로서 에스더는 많은 영화를 누리고 시녀들과 내시들의 시중을 받았다. 이들이 모르드개가 통곡하고 있다는 사실을 에스더에게 알려주었다. 그녀는 하닥에게 모르드개가 왜 공공장소에서 그와 같이 하고 있는지 알아오도록 했다. 에스더는 그에 관한 이야기를 전해 듣고는 놀랐다. 아마도 그녀는 모르드개에게 새 옷을 보내주고서 그가 굵은 베옷을 벗어 버리고 재를 털고 일어나기를 바랐을 것이

다. 그녀는 그의 안위를 염려했다. 궁중에서의 에스더의 독특한 입장 때문에 그녀에게는 일반적인 의사 전달의 통로가 차단되어 있었다. 따라서 그녀는 유대인들을 처형하라는 내용의 조서가 선포되었다는 사실을 전혀 알지 못했던 것 같다.

하닥이 모르드개에게 왜 광장에서 그러고 있는지를 묻자, 모르드개는 그에게 조서를 한 부 필사해서 에스더에게 보여 주도록 했다. 그는 하닥에게 그 조서의 내용을 에스더에게 상세히 전하도록 부탁하고 자신들의 생명을 위해서 자기 민족 편에 서서 행동하기를 왕에게 간청하도록 했다. 하닥이 에스더가 유대인이라는 사실을 그 전까지 알지 못했다는 전제 하에 '자기 민족'이라는 표현으로써 에스더의 국적이 하닥에게 밝혀지게 되었다. 왕이 조서를 취소하지 않는다면 에스더와 모르드개와 모든 이스라엘 백성들은 죽을 수밖에 없는 처지였다.

4:9~11 에스더가 모르드개에게 한 대답은 용기를 북돋워 주는 것이 아니었다. 페르시아의 군주들은 불청객을 맞아들이지 않았다. 에스더는 모르드개에게 자신이 왕의 부름이 없이는 왕의 내실까지 들어갈 수 없으며, 만약 그렇게 하면 죽임을 면치 못한다는 사실을 알렸다. 왕은 사전에 약속 없이 자신을 찾아와 방해한 사람은 누구든 처형했다. 왕이 자기에게로 온 손님을 보고 금 규를 내밀면 그 사람은 알현을 허락받아 환영을 받으면서 죽음의 위험에서 벗어날 수 있었다(참조, 5:2). 에스더는 왕이 자기를 한 달 이상 부르지 않았기 때문에 왕이 자신을 총애하는지 아닌지를 알 수 없었다.

4:12~14 모르드개가 에스더에게 한 대답은 위대한 신앙고백으로 여겨

졌다. 사실 모르드개는 분명히 페르시아 군주의 도움을 기대하고 있었다. 하지만 모르드개는 하나님께서 어떤 방법으로서든지 자신이 선택한 백성을 보호하실 것이라는 사실을 믿었다. 만약 에스더가 유대인들이 처한 상황을 아하수에로에게 말하지 않는다면 유대인들은 다른 손길을 통해서 구원받을 것이다. 모르드개는 하나님 앞에서 행동할 때 의롭고 경건한 사람으로 묘사되지 않지만, 그는 최소한 하나님과 이스라엘 사이에 맺어진 계약 관계를 알고 있는 사람이었다. 그는 아브라함과 모세, 다윗에게 하신 약속들이 이스라엘 민족 전체가 다 말살되면 성취되지 않을 것임을 알고 있었다. 그래서 그는 하나님께서 이스라엘 백성들을 위해 행동하신다는 사실을 확신했다. 그는 하나님께서 에스더의 독특한 지위를 통해서 역사하시기를 바랐다.

모르드개는 에스더에게 이 끔찍한 재앙을 바꾸려고 하지 않는다면, 그녀가 아무리 왕비라는 고귀한 신분이라고 해도 죽음에서 벗어나지 못할 것임을 상기시켰다. 하만의 힘이 궁중에까지 미쳐서 왕비를 살해할 정도로 강했는지는 전혀 알려져 있지 않다. 모르드개는 에스더의 마음 속에 에스더가 행동하지 않으면 죽을 것이라는 생각을 불어넣었다. 그래서 왕의 허락없이 왕을 알현하려다가 죽는 것이, 가만히 앉아서 하만의 손에 죽기를 기다리는 것보다 낫다는 점을 일깨웠다.

4:15~17 에스더는 자신과 유대인이 처한 상황을 바르게 이해했다. 그래서 그녀는 결심을 하고 모르드개에게 다음과 같이 대답했다. "죽으면 죽으리이다"(16절하). 그녀는 모르드개의 요청을 실행하기로 하고 자신의 죽음을 각오하고 왕 앞으로 나아갔다. 이 장면을 보면 책에 기록된 대로 에스더와 모르드개는 유대 민족을 대표한 위대한 애국자로 보인다. 그러나

그들은 구약에서 하나님을 전적으로 신뢰했던 다른 사람들처럼 의로운 사람들로는 묘사되지 않고 있다. 에스더가 기도했다는 말은 전혀 찾아볼 수 없다(비록 많은 주석자들이 그녀가 금식했다는 것은 그녀가 기도한 것을 의미한다고 말하지만, 그녀가 기도했다는 표현은 전혀 없다). 그녀는 단지 모르드개에게 수산 성에 있는 유대인들에게 자기와 하녀들이 할 것처럼 금식을 하며 3일을 기다리게 하라고 지시했을 뿐이다.

B. 에스더에 의해서 드러난 계획(5~7장)

이 세 장은 에스더서의 절정을 이룬다. 여기서 장면이 급변하여 악이 선에 굴복당하는 것으로 전환한다. 하나님의 백성들은 위험한 상황에서 보존받는다. 하나님을 신뢰하는 독자들은 하나님께서 주권적으로 역사하셔서 자신의 뜻을 이루셨다는 사실을 알게 될 것이다. 포로 후기에 팔레스타인에서 살고 있던 에스더서의 원래 독자들은 그들이 가는 길에 놓여 있는 장애물에서 하나님께서 자신들을 보호해 주셨다는 사실을 회상하게 되었을 것이다. 이방 왕의 태만함 역시 하나님께서는 자신의 백성을 보호하시고 보존하는 데 사용하셨다.

1. 잔치 준비(5:1~4)

5:1~4 에스더는 수산 성에 살고 있던 유대인들과 함께 시작했던 3일간의 금식(참조, 4:16)을 마치고 나서 자신의 소원을 말하기 위해서 왕에게

로 갔다. 하루의 반나절도 하루로 계산되기 때문에, 에스더는 사실 3일째 되던 날에 왕에게로 간 것이다(참조, 마 12:40 주해). 그녀는 거의 한 달 동안 왕을 알현하지 못했지만(4:11) 왕은 그녀가 걸어 들어오는 것을 보자 기뻐서 금 규를 그녀에게 내밀었다(참조, 4:11; 8:4). 왕은 그녀가 자신에게 무엇을 청하기 위해서 왔다는 것을 직감하고 에스더의 청이 무엇인지 물었다. 그러면서 그는 에스더가 원하는 것이라면 나라의 절반까지도 주겠다고 말했다(참조, 5:6; 7:2; 막 6:23). 이것은 분명히 에스더가 원하는 것은 무엇이든지 청할 수 있고 그녀의 청원은 이루어질 것을 의미하는 관용구이다. 에스더의 청은 간단했다. 그녀는 자신이 준비한 잔치에 하만과 함께 참석해 달라고 요청했다.

2. 두 번째 잔치 준비(5:5~8)

5:5~8 잔치가 준비되고 하만은 에스더가 청한 대로 참석했다. 페르시아 관료들은 그들의 부인들을 보호하려는 성향이 강하기 때문에 왕비와 함께하는 잔치에 초대되는 것은 보통 영광스러운 일이 아니었다. 왕이 에스더에게 소원이 무엇인지 물으면서 그녀의 소원을 들어주겠다고 다시 약속하자, 에스더는 그에게 내일 여는 두 번째 잔치에도 참석해 달라고 말했다. 에스더가 왜 하만의 음모를 첫 번째 잔치에서 밝히기를 주저했는지는 언급되지 않는다. 아마도 에스더는 자신의 불평을 왕에게 말하기를 두려워했는지도 모른다. 아니면 왕이 에스더의 말을 들을 만큼 올바른 마음 상태에 있지 않다고 판단해서 그랬는지도 모른다. 문학적인 관점에서 보면 에스더가 주저하는 것은 이 이야기를 절정으로 이끌어 가는 긴장의 역할을 한다. 에스더서를 처음 읽는 사람은 긴장이 고조됨에 따라서 높은

쾌감을 맛보게 될 것이다. 아하수에로가 에스더의 요청에 무엇이라고 대답했는지는 언급되지 않고 있다. 하지만 하만의 자만하는 모습으로 보아 왕 역시 그녀의 제의를 받아들인 것으로 보인다.

3. 하만이 자만에 빠져서 교수대를 세우다(5:9~14)

5:9~14 하만은 그가 왕과 왕비와 함께 잔치에 참석하는 갑작스러운 행운을 얻게 되자 기분이 좋았다(행복과 희열을 느꼈다. 12절). 그러나 반대로 아직도 자신에게 절하기를 거절하는 모르드개에게는 분노했다(참조, 3:2, 5). 하만은 모르드개에게 너무 화가 나서 현재의 좋은 조건조차 즐길 수 없었다. 이러한 상황에서 하만은 자신의 기분을 가라앉히기 위해서 그의 가족과 친구들을 불러 모으고 자신이 모은 재산과 양육한 식구들에 대해서(그는 열 명의 아들을 두었다. 9:7~10, 12) 자랑하면서 시간을 보냈다. 사교계 허풍쟁이답게(참조, 6:6) 그는 거기에 모인 사람들에게 자신이 높은 지위에 오른 것과 왕과 왕비가 참석하는 잔치에 두 번씩이나 초대받은 이야기를 했다. 그러나 그는 모르드개 때문에 자신의 모든 재산과 명예도 불구하고 기쁘지 않다고 말했다.

하만의 아내인 세레스와 그의 모든 친구들도 하만보다 나을 것이 없었다. 그들은 하만에게 높이 약 23미터의 교수대를 만들어서 연회가 시작되기 전에 모르드개를 거기에 매달고 더 이상 그 일로 괴로움을 겪지 말 것을 제안했다. 그 교수대는 아마도 고대 세계에서 흔히 사용한(참조, 2:23 주해) 사람의 등을 꿰뚫는 막대였던 것으로 보인다. 이러한 긴 말뚝을 세울 것을 제안한 것은 그것을 보는 모든 사람들이 교훈을 얻도록 하기 위함이었다. 말뚝 위에 매달린 사람은 다른 어느 나무보다 그 말뚝이

높았기 때문에 사람들은 그 죄인을 어느 방향에서나 볼 수 있다. 이 광경은 하만이 모든 것을 관장하고 있으며(참조, 3:1) 다른 사람은 아무도 그에게 항거해서는 안 된다는 것을 강조하는 데 그 목적이 있다.

하만은 모르드개만 처형하면 유대인들은 아무도 조직적인 항거를 하지 않을 것임을 분명히 알고 있었다. 그는 자신의 원수들로부터 영원히 자유롭고 싶었다. 여기서 하만과 모르드개 사이에서 일어나는 긴장은 최고조에 달한다.

여기서부터 지금까지 고조되어왔던 것들이 조금씩 해소되기 시작한다. 사건들이 드러나면서 독자들은 이 책의 저자가 앞에서 강조하지 않았던 특별한 의미가 없거나 잊혀진 것처럼 보인 사건들을 다시금 떠올리게 될 것이다. 하나님께서는 교수대를 세우는 것과 같은 증오스러운 행위의 배후에서 주권적으로 역사하고 계셨다(참조, 행 2:23; 4:27~28).

4. 아하수에로에게 인정받은 모르드개(6장)

전체 이야기를 통해서 이어온 긴장은 이제 해소되기 시작한다. 앞에서 간과한 사실들이 새로운 의미를 갖기 시작한다. 믿을 수 없는 상황들은 사건들의 과정을 지도하시는 하나님의 손길로 향한다. 유대인들의 역사의 총체적 방향성은 이방의 왕, 즉 하나님의 역사의 중심지인 예루살렘에서부터 수백 킬로미터 떨어진 곳에 있는 왕이 잠을 이루지 못함으로 인해 바뀌었다. 페르시아 제국, 특히 팔레스타인에 퍼져 살던 모든 유대인은 그 사건 이후로도 하나님의 섭리하심을 깨닫지 못했다. 하지만 하나님께서 아브라함과 모세와 다윗에게 하신 약속에 비추어 성경을 읽어 보면, 독자들은 하나님의 주권적인 행위를 잘 알 수 있을 것이다.

6:1~3 에스더가 두 번째 잔치를 베풀기 전날 밤에 아하수에로는 잠을 이룰 수가 없었다(참조, 단 6:18). 이 책의 저자는 에스더가 자신의 소원을 왕에게 말하는 것을 왜 주저했는지를 기록하지 않는다(5:7). 하지만 그 이유가 여기서 명백해졌다. 하나님께서는 모르드개를 높이시고 왕을 통해 하만을 총애하지 않도록 준비하셨다. 왕은 잠을 이루지 못했기 때문에 역대 일기를 읽었다(참조, 2:23). 하나님께서는 아하수에로의 불면증을 통해서 모르드개의 업적을 알도록 하셨다. 왕정 서고관리자가 뽑아 온 책들(아하수에로 즉위 12년부터 그때까지의 기록들) 가운데, 왕을 암살하려는 음모를 모르드개가 알고 그것을 고발해서 왕의 목숨을 건진 사건이 기록된 책도 있었는데(2:21~23) 바로 그 책을 왕이 읽은 것이다. 성경 외적인 자료들은 페르시아 왕들이 고도의 기록 체계를 유지하고 있었음을 알려준다(참조, 6:1~2). 헤로도토스는 아하수에로가 특별히 자신을 잘 보좌한 사람들에 관해서는 분명하게 기록하게끔 했다고 말한다. 여기서 다시 한 번 하나님의 주권적 섭리하심이 나타나고 있다. 아하수에로는 자신의 목숨을 구한 모르드개가 무슨 상을 받았는지 물었을 때(약 5년 전. 참조, 2:16; 3:7) 모르드개가 아무런 상도 받지 못했다는 사실을 알게 된다. 관료 제도에서는 이런 일이 종종 일어난다. 하지만 만약 모르드개가 그 당시에 왕을 구한 일로 즉각 보상을 받았더라면, 6장 6~10절의 기록처럼 하만이 왕으로부터 지시를 받은 대로 그에게 보상하도록 하는 영광을 누리지 못했을 것이다. 이러한 특이한 사건들이 하나님의 백성을 보존하도록 역사한 것이다.

6:4~6 아침에(참조, 5:14) 하만은 모르드개를 나무에 다는 것에 대해서 왕의 허락을 얻기 위해서 궁전 바깥뜰을 들어서고 있었다. 그때 왕이 밖

에 누가 없느냐고 묻자 하만이 대답을 했다. 여기서 이야기는 급속도로 진행된다. 유대인들을 위기에 몰아놓은 악한 모든 일이 유대인들에게 선한 일로 바뀐다. 이 전환이 당시 긴장된 상황 속에서 살고 있던 당시의 유대인 독자들에게는 얼마나 위안이 됐을지 모른다. 그들은 하나님께서 그들을 돌보시고 아하수에로의 지배하에 두신 것처럼, 그들을 계속해서 보존하실 것이라는 사실에 환호할 수 있었다.

왕을 알현하기 위해서 급히 들어오던 하만은 자신이 영광을 누린다는 생각에 사로잡혀 있었음이 분명하다. 그래서 "왕이 존귀하게 하기를 원하는 사람에게 어떻게 하여야 하겠느냐"(6절)라고 왕이 묻자, 하만은 왕이 자기를 두고 말하는 것으로 잘못 알고 기쁨을 감추지 못했다.

6:7~9 하만은 왕이 존귀하게 하기를 기뻐하는 사람에게 베풀어야 할 몇 가지 일들을 왕에게 제시했다.

첫째로, 하만은 그런 사람은 왕의 옷을 입고 왕의 말을 타고 나서서 자신의 존귀함을 드러내야 한다고 말했다. 어떤 사람들은 말이 그 머리에 왕관을 썼다고 말하는 것은 성서의 잘못이라고 주장해 왔다. 그들은 왕관을 쓴 것은 말이 아니고 사람이라고 말한다. 하지만 일반적으로 조각품을 보면 말이 머리에 왕관을 쓰고 있는 것을 볼 수 있는데, 이것은 그 말이 왕의 말이었다는 것을 가리킨다.

둘째로, 하만은 왕이 존귀하게 하고자 하는 사람은 가장 높은 신하들 가운데 한 사람으로 섬겨야 한다고 말한다. 신하들은 그 사람을 말 위에 태워서 성 안을 돌아다니면서 그의 앞 길을 깨끗하게 하고 모든 사람들에게 이 사람이 바로 왕에 의해서 존귀하게 된 사람이라고 선포해야 한다(참조, 창 41:42~43). 하만에게 돈은 필요 없었다(참조, 3:9). 그는 사람들로부터 존경을 받고 싶었다. 그가 비록 악한 방법으로 재산을 모아서 왕의 가문 다음 가는 권력을 지니고 있다고 해도, 그는 그 도시의 사람들로부터 존경을 받는 것을 더 원했다. 모르드개로부터 존경을 받고자 하는 하만의 욕심은 그를 어려운 지경으로 몰아넣었다(참조, 3:2, 5; 5:9, 13).

6:10~13 하만의 생각이 왕의 마음에 들었다. 그래서 왕은 하만에게 유대인 모르드개에게 그렇게 하도록 명령했다. 이것은 모르드개가 '유대인'이라고 불리는 다섯 번의 사례 가운데 첫 번째이다(참조, 8:7; 9:29, 31; 10:3). 하만에 의해서 핍박을 받을 모르드개가 페르시아 제국의 수도인 수산에서 높은 위치에 오르게 되었다. 상황이 역전된 것이다. 하만의 모습이 얼마나 우스운가! 하만이 증오하던 모르드개가 하만에 의해서 존귀하게 되었다. 모르드개로부터 존경을 받으려던 하만이 이제는 모르드개를 존경해야만 했다. 하만은 비록 마음이 분노로 가득 찼지만 하는 수 없이 왕의 명령을 수행할 수밖에 없었다. 그가 집으로 급히 돌아온 후 그의 머리는 온통 비탄으로 가득했다. 그의 부인인 세레스와 친구들은 그의 운명이 바뀌었다고 말했다.

전에는 모르드개가 그의 백성들을 위해서 사람들 앞에서 통곡했지만(4:1), 이제는 하만이 자신의 비참함으로 혼자서 비통해 하고 있다. 하만은 아침까지만 해도 승승장구했다. 그런데 이제 그는 바닥이 없는 심연으로 떨어지고 있다. 설상가상으로 그의 조언자와 부인이 모두 그의 미래가 어두울 것이라고 말한다. 그들은 모르드개의 출생이 유대인이라는 사실은 하만의 앞날이 어두워질 수 있을 것임을 의미한다고 말한다. 그들의 말을 미루어 당시의 상황을 정확히 규정짓기는 어렵다. 페르시아 종교에서는 징조와 표징이 많았다는 것을 알 수 있다. 운명, 행운, 기회는 일상 생활에서 매우 중요한 것으로 여겨졌다. 에스더서는 이러한 운명론적인 세계관에 대항하는 입장에 서 있다. 이스라엘이라고 하는 계약 공동체에 속하지 않은 사람들에게는 세계의 사건들이 운명적이며 우연히 일어나는 것으로 보일 것이다. 하지만 하나님의 계약의 백성들은 하나님께서 운명까지 다스리신다는 사실을 분명히 알고 있다. 하나님께서는 사건들과 상황을 하나님의 선한 기쁨을 위해서 움직이신다. 이방의 조언자들과 악한 사람의 이방 부인은 이 책의 중심적인 내용을 자신들도 알지 못하는 사이에 진술하고 있다. 하만과 다른 어떤 사람도 하나님의 선택하신 백성들, 즉 유대인들에게는 대항할 수 없다는 사실이다(유대인들 가운데 많은 사람은 약속의 땅으로 돌아가서 성전을 재건하고 예루살렘에서 하나님께 희생제사를 드렸다).

6:14 자신이 쌓아올린 세계가 무너지는 것을 알게 된 하만은 에스더가 준비한 두 번째 잔치에 참석하기 위해서 서둘렀다. 그는 전에는 이 잔치에 참석하기를 바랐지만, 이제는 그것이 두려운 일이 되었다. 하만은 그 잔치에서 왕이 자신에게 무엇을 말하려고 하는지 궁금했다.

하만은 하나님의 백성을 괴롭히며 하나님을 거역하는 모든 불경한 사람들의 전형이다. 많은 단편 이야기의 저자들처럼, 하나님께서는 에스더서의 저자를 통해 그가 묘사하는 역사적인 인물들이 상당한 상징적 의미를 가지도록 하셨다. 귀환한 이스라엘 백성들이 에스더서를 읽으면서 자신들의 역사를 돌이켜 보고 하나님의 약속을 저버린 사람은 결국에는 실패했다는 사실을 알게 되었을 것이다. 그들은 하나님께서 미래에도 그렇게 역사하실 것이라는 사실을 확신했다. 그들이 비록 하나님께 복종하지 못했지만 구원에서 제외되지 않았다. 하나님께서는 역사 속에서 일하시며 그 속에서 하나님의 백성을 구원하셨다.

5. 아하수에로가 하만의 음모를 듣고 하만을 교수형에 처하다(7장)

7:1~4 하만이 에스더에 대해 무엇을 알고 있는지 본문에는 언급되어 있지 않다. 만약 하만이 모르드개와 에스더 사이의 관계를 알고 있었다면, 그는 이 두 번째 잔치를 에스더가 준비했다는 사실에서 앞으로 무슨 일이 일어날 것인지 몰라 두려움에 떨었을 것이다. 이 잔치는 에스더서에 기록된 다섯 번째 잔치이다. 두 번은 왕이(1:3, 5), 한 번은 와스디가(1:9), 그리고 두 번은 에스더가(5:4, 8) 진행했다. 잔치를 하는 동안 왕은 에스더에게 그녀가 원하는 것이 무엇인지 다시 물었다. 그리고 에스더의 소원이 무엇이든 다 들어주겠다는 약속을 재차 했다(참조, 5:3, 6). 에스더는 이때가 바로 적기라고 생각하고 왕에게 간청했다. 에스더는 자신의 목숨과 자기 민족의 생명을 구해달라고 왕에게 간청했다. 이제 아하수에로는 에스더가 어느 나라 사람인지 분명히 알게 되었다(참조, 2:10, 20). 그녀는 유대인들이 돈에 팔려서(다시 말하면, 왕이 하만으로부터 뇌물을 받았다는 것을 알 수 있다. 참조, 3:9; 4:7) 멸망의 위기에 빠졌다(참조, 3:13)는 것을 설명했다. 그녀는 자신이 처한 어려운 상황을 왕에게 소상히 말하고, 유대인들이 단순히 노예로 팔려간 일로 자신이 왕을 괴롭게 하지는 않을 것이라고 부연한다. 에스더의 이러한 말은 왕의 막강한 권력뿐만 아니라 곤경에 처해 있는 그녀의 상황을 우리에게 알려준다. 에스더는 왕이 자신의 청을 들어줄지, 그렇게 하지 않을지 몰라서 상당히 두려워하고 있었던 것으로 보인다. 아하수에로는 전에 와스디에게 했던 것처럼 화를 낼지도 모르는 일이었다(1:12).

7:5~6 하지만 이때 왕은 화를 내지 않았다. 그는 누가 에스더와 에스더의 민족에게 그러한 일을 하려고 하는지 더 자세히 물었다. 왕이 에스더에게 사건의 주모자를 묻는 순간, 하만은 이제 자신이 어떤 상황에 처했는지 알고서 두려움을 금치 못했다. 지상에서 가장 권세있는 사람 앞에서 자신의 소행이 드러나게 될 순간이었다. 하만은 자신이 수행해 온 일로 인해 이제는 '운명'이 자신에게 불리한 방향으로 흐르고 있다는 사실을 분명히 알게 되었다. 에스더는 사악한 하만이 바로 자신의 대적이라고 밝혔다 (참조, 3:10; 8:1; 9:10, 24).

7:7~8 왕은 화로 가득 찼다(참조, 1:12. 하만은 두 차례 진노한 바 있다. 3:5; 5:9). 왕이 궁전 밖으로 나가서 정원으로 나간 이유는 전혀 언급하고 있지 않다. 아마도 그는 자신의 화를 진정시키기 위해서 밖으로 나간 것으로 보인다. 하지만 다른 때의 그의 행동으로 보아서는 이 이유도 타당한 것 같지 않다. 어떤 사람들은 그가 하만을 법적으로 처형시킬 방법을 찾기 위해서 정원으로 나간 것으로 보고 있다. 하지만 이것 역시 왕의 말은 법이었던 당시의 상황으로 보면 타당하지 않다. 또 다른 사람들은 아하수에로가 에스더와 그녀의 민족을 구하기 위한 방법을 찾기 위한 것으로 본다. 이유가 무엇이든 간에 에스더와 하만은 잔치 자리에 함께 남아 있었다.

하만은 왕이 자신의 운명을 결정한 줄 이미 알고 있었지만 그래도 한 가닥 희망을 갖고 에스더에게 자신의 생명을 구해 줄 것을 간청했다. 하만은 에스더가 기대어 앉은 걸상 위에 엎드려서 간청을 했다. 페르시아인들(그리고 후대의 그리스인들, 로마인들, 유대인들)은 식사를 하는 동안 긴 의자 위에 비스듬이 누워서 식사를 했다. 바로 그 순간(어떤 사람은 이것을 하나님의 주권적인 섭리에 의한 우연이라고 말한다) 왕이 정원에서 돌아와서 그 장면을 보고 하만이 왕비를 겁탈하려 한다고 질책한다. 하지만 하만은 왕비를 겁탈하려고 한 것이 아니고 단지 에스더에게 자신의 생명을 구해 달라고 간청했을 뿐이었다. 하만과 에스더만이 잔치 자리에 남아 있었다는 것은 평범한 일이 아니다. 음식을 나르는 사람들과 경호원들이 거기에 분명히 있었을 것이다. '무리가'(8절)라는 말은 몇 사람이 잔치 자리에 있었다는 것을 암시한다. 그들이 하만의 얼굴을 가렸다는 것이 무엇을 의미하는지는 분명치 않다. 아마도 그들은 하만이 이제는 실각되고 사형될 사람이기 때문에 그렇게 한 것으로 보인다.

7:9~10 왕의 일곱 내시들(참조, 1:10) 가운데 한 사람인 하르보나가 하만이 모르드개를 죽이기 위해서 지난 밤 교수대를 만들어 놓았다는 사실(5:14)을 왕에게 알렸다. 수산 성 사람들은 하만을 좋아하지 않았던 것으로 보인다. 특히 관료 계층에 있는 사람들은 하만을 미워했던 것 같다. 많은 사람이 하만이 죽는 것을 기뻐했다. 하르보나는 하만이 모르드개를 죽이려고 한 계획을 사전에 알고 있었던 것이 분명하다. 왕의 명령에 따라서 하만은 끌려가서 자신이 만든 교수대(이것은 사람을 꿰뚫는 말뚝이다. 참조, 2:23 주해)에 매달렸다. 이것으로 인해 사건은 새 국면으로 전환되었지만 유대인들은 여전히 중대한 문제에 직면해 있었다. 유대인들을 진멸하라는 왕의 조서는 아직도 효력을 발휘하고 있었다. 이미 죽은 사람이 생전에 벌여 놓은 악한 행위로 인해, 서둘러 일을 막지 않으면 많은 죄 없는 사람들이 대참사를 피할 수 없는 그런 위급한 상황에 처했다.

하나님께서는 여러 가지 상황 속에서 주권적으로 역사하셔서 유대인들을 구원하셨다. 이제는 유대인들의 차례가 되었다. 그들은 자신들의 재산을 지키기 위해서 투쟁해야만 했다. 그들은 자신을 구원하기 위해 이 상황에 적극적으로 참여했다. 고국에 돌아간 유대인들은 이들의 모습에 힘을 얻어서 열심히 일하고, 하나님의 주권적인 계획 안에서 하나님 앞에 자신들의 책임을 다했을 것임에 틀림없다.

1. 모르드개가 하만의 자리를 대신하다(8:1~2)

8:1~2 하만은 범죄자로 여겨져 그의 재산이 몰수되었다. 유대인들을 학살하기 위한 조서를 합법화한 왕의 반지(3:10)가 이제는 모르드개에게 주어졌다. 하만의 사후에도 상황은 다시 하만 측에 불리하게 되었다. 모르드개는 하만이 전에 가졌던 모든 권력을 다 소유했으며, 또한 유대인의 재산을 몰수하려고 했던 하만의 재산은(3:13) 그의 사후에 다 몰수당하고 그 재산을 에스더가 모르드개에게 관리하게 했다.

2. 두 번째 조서가 선포되다(8:3~14)

8:3~6 유대인들을 몰살하기 위한 조서(3:13)가 여전히 효력을 발휘했기 때문에 어떤 일이 일어나야 함은 당연한 일이었다. 그래서 에스더는 왕의

허락없이 다시 왕 앞에 나갔다(참조, 5:1~2). 이번에 에스더는 하만에 의해서 시행되려고 했던 그 악한 계획을 백지화해 줄 것을 왕에게 청원했다. 왕은 그녀를 사랑스럽게 여겼고 그래서 금 규를 내밀었다(참조, 4:11; 5:2).

에스더의 청원은 간단했다. 그녀는 두 번째 조서를 기록해서 그것을 전국에 보내 첫 번째 조서를 무효화하는 것이었다. 그녀는 '내 민족'과 '내 친척'이라는 말로써 자신이 유대 여성이라는 사실을 명확하게 알렸다(참조, 7:3).

8:7~8 왕은 에스더와 모르드개가 전에 하만에게 속했던 권력과 재산을 취득해서 그 힘을 자신들을 위해 사용할 것임을 알았다. 하만의 조서를 소환할 수는 없지만 두 번째 조서를 보내서 첫 번째 조서의 실행을 방지할 수는 있었다. 아하수에로는 모르드개에게 모든 것을 위임했다. 그래서 모르드개는 자신이 원하는 대로 조서를 쓰고 거기에다 왕의 인장을 찍었다(참조, 3:10, 12; 8:2).

8:9~14 모르드개가 쓴 조서는 BC 474년 셋째 달 시완월(6~7월)에 선포되었다. 하만이 조서를 보낸 지 두 달이 조금 넘었기 때문에(3:12), 유대인들은 하만이 제비를 뽑아서 정한 12월 13일까지 거의 아홉 달이라는 기간을 앞두고 있었다(참조, 3:7, 13; 9:1). 전에 보낸 조서와 같이(참조, 3:12) 이번에도 역시 인도에서 구스에 이르는 전 제국(참조, 1:1)에 준마를 급파했다(참조, 1:22; 3:15). 그리고 각 지방에서 사용되는 언어로 조서를 써서 보냈다. 그 조서는 유대인들을 대적하는 집단은 그들이 누구든 멸절될 것과, 유대인들은 대적자들로부터 보호받으며, 그들의 재산을 취하는 권리

를 부여했다. 유대인들은 모르드개가 하만의 재산을 취했듯이 자신들의 대적들의 재산을 취할 수 있었다.

3. 유대인들이 기뻐하다(8:15~17)

8:15~17 모르드개는 자신이 지닌 신분에 걸맞게 푸르고 흰 조복을 입고 금관을 쓰고 자색 가는 베 겉옷을 입었다. 푸르고 하얀 색은 페르시아 왕의 색이었다(참조, 1:6). 그는 이제 하만을 대신해 그의 자리에 올랐다(3:1). 전에는 하만의 조서로 수산 성이 혼란했었는데(3:15), 이제는 모르드개의 조서로 인해서 수산 성이 즐거운 예식으로 술렁거렸다. 유대인들은 분명히 사기가 고양되었을 것이다. 그들이 권력층을 형성하자 많은 이방인이 자신들을 스스로 유대인으로 일컫는 상황이 초래되었다. 하나님의 선하신 손이 전 세계에 분명하게 보여지는 듯했다. 이러한 일을 우연이라고 할 사람은 아무도 없다. 그래서 백성들은 유대인들의 하나님이 유대인들을 보호하고 계신다는 사실을 인식하기 시작했다.

4. 유대인들이 복수를 하다(9:1~19)

9:1~4 정해진 전쟁의 날이 되자 상황은 다시 유대인들의 대적에게 불리하게 흘러갔다. 유대인들이 그들의 공격자들과 접전하기 위해서 여러 도시에 모이자 이방인들은 그들을 두려워하게 되었다. 정부가 유대인들을 돕고 있으니 어떻게 할 수가 있겠는가? 유대인들을 공격했던 사람들은 이것을 자신들의 재산 증식에 좋은 기회라고 생각했을 것이다. 하지만 그들은 다른 사람들의 지원을 받을 수 없었기 때문에 승리할 수 없었다. 오

직 하나님의 주권적인 섭리만이 모르드개를 그 자리에 앉히실 수 있었다. 그는 점점 더 권력을 장악하게 되었고 명성을 누리게 되었다.

9:5~15 전쟁의 날(그해 12월 13일인 BC 473년 3월)에 수산 성에서 유대인들은 하만의 열 아들을 포함해서 모두 500명을 죽였다. 왕이 에스더에게 그녀가 원하는 것이 무엇인지 물었을 때 그녀는 수산에 사는 유대인들이 그들을 전멸시키고자 했던 사람들을 멸절하기 위해서 하루의 시간을 주고 하만의 죽은 열 아들을 교수대에 매달 것을 요청했다(즉, 긴 말뚝에 몸을 꿰뚫어서 매달아 놓자는 것. 참조, 2:23; 7:10). 둘째 날에는 유대인들은 300명을 더 죽였다. 유대인들은 하만이 했던 것처럼(참조, 3:13) 돈 때문에 이런 일을 하는 것이 아니었다. 본문에는 세 번이나 유대인들이 재산에는 손을 대지 않았다고 기록되어 있다(9:10, 15~16). 많은 사람은 하만의 열 아들이 모두 살해되었는데 왜 유대인들이 그 시체를 교수대에 달려고 했는지 궁금해 했다. 이것은 고대 근동에서 이상한 일이 아니었다. 시체를 나무에 달아 두는 것은, 다른 사람들로 그러한 죄를 범하지 말도록 경고하는 시각적인 효과를 주었다.

9:16~19 그리고 변방에서는 하루에 75,000명이 유대인의 손에 의해 살해되었다. 그런데 거기서도 유대인들은 수산의 경우처럼 재산에는 손을 대지 않았다. 수산에서만 싸움이 이틀 동안 지속되었다. 그러한 이유로 수산에 살고 있는 유대인들은(13일과 14일에 살육을 한 이후) 12월 15일에 잔치를 즐겼다. 반면 다른 지역 유대인들은(13일에 살육을 한 이후) 14일에 잔치를 즐겼다.

Ⅳ. 부림절의 제정(9:20~32)

9:20~22 부림절은 모세의 율법에 의해 제정된 것이 아니다. 그것은 모르드개와(9:20~28) 에스더에 의해서(9:29~32) 제정되었다. 이틀 동안 잔치를 하는데 이 기간 동안에 유대인들은 자신의 백성을 멸망의 위험으로부터 보호하시기 위해서 수많은 사건 속에 역사하신 하나님의 신실하심을 기념했다. 모르드개는 유대인들에게 글을 보내서 매년 잔치를 베풀고 즐기며 서로 예물을 주고(참조, 8:17) 가난한 사람들을 구제하라고 명했다.

9:23~32 그 잔치는 '부림'(purim)으로 불렸는데(26절) 그것은 하만이 유대인들을 진멸할 때를 결정하기 위해서 '부르'(pur), 즉 제비를 던진 사실에서 비롯됐다(3:7). '부르'는 하나님께서 자신의 백성을 구원하시기 위해서 여러 가지 사건들을 활용하신 것을 상징하게 되었다.

　에스더는 모르드개와 더불어 유대인들이 반드시 기념해야 할 절기를 확증해 주는 두 번째 편지를 썼다(29~32절). 하만의 조서와는 달리 에스더의 편지는 화평과 진실이 담겨져 광대한 제국 전역에 퍼져 사는 유대인들(그녀의 '민족')에게 보내졌다. 그녀의 편지 필사본이 궁중 서고에 보관되었다(참조, 2:23; 6:1; 10:2).

Ⅴ. 모르드개의 위대함(10장)

10:1~3 에스더서는 아하수에로의 왕의 권력을 묘사하면서 마친다. 하지만 더 중요한 것은 마지막 구절에 모르드개를 찬양하고 있다는 사실이다. 그는 한때 페르시아 제국에서 미움 받는 유대인이었는데, 이제는 아하수에로에 의해서 높은 지위에 오르게 되었고 유대인들로부터는 존경을 받게 되었다. 그는 유대인들의 위대한 애국자였는데, 이것은 모르드개가 그들을 위해서 열심히 일하고 아하수에로에게 그들의 입장을 잘 대변해 주었기 때문이었다. 하지만 에스더서가 어느 곳에도 모르드개를 의로운 사람으로, 그리고 그가 율법을 주의 깊게 지켰다고 기록하지 않았다는 사실은 주목할 만하다. 많은 사람은 한 유대인이 페르시아 제국에서 그처럼 높은 지위에 오를 수 있는가 하는 사실에 회의적으로 생각한다. 그러나 페르시아 제국은 여러 민족이 융합되어 있었으며 제국의 생활 양식에 완전히 동화되어 있었다(다니엘을 예로 들 수 있다. 단 5:29; 6:1~2, 28).

원래의 유대인 독자들이 이 기록을 읽었을 때에는 하나님께서 자신의 백성을 주권적으로 보호하신 방법에 놀라움을 금치 못했을 것이다. 에스더서에 나오는 많은 일은 하나님의 지배를 받고 있다. 그 누구도 하나님을 능가할 수는 없다. 하나님께서는 역사를 주관하신다. 그리고 에스더서는 여러 아이러니로 가득 차 있다. 그래서 사건들이 전혀 예측하지 못하게 급변하고 상황들이 하나님의 백성들에게 유리하게 흘러가는 것을 살펴볼 수 있다. 왕비 와스디는 페르시아인임에도 폐위되고, 그 결과 유대인인 에스더가 왕비가 되어서 그의 백성들을 구했다. 하만은 한때는 승승장구했지만 결국에는 비천하게 되었고, 모르드개와 유대인들은 한때는 미움의 대상이었으나 결국에는 높아지고 존경을 받게 되었다. 유대인들을 몰살하려는 조서는 유대인들의 적을 76,000명이나 죽게 만드는 조서로 대치되었다. 이런 일들을 통해 보면 부림절을 매년 지키는 것이 조금도 이상하지 않다. 부림절을 기쁨으로 지키는 것은 하나님께서 모든 것을 주관하시며 백성들은 하나님을 신실하게 예배하고 그들의 위대한 하나님을 섬겨야 한다는 사실을 유대인들에게 일깨워 주는 데 도움을 주었다.

참고문헌

- Baldwin, Joyce G. *Esther*. The Tyndale Old Testament Commentaries. Downers Grove Ill.: InterVarsity Press, 1984.

- Berg, Sandra Beth. *The Book of Esther: Motifs, Themes and Structure*. Missoula, Mont.: Scholars Press, 1979.

- Cohen, A. "Esther". In *The Five Megilloth*. London: Soncino Press, 1946.

- Hess, Margaret. *Esther: Courage in Crisis*. Wheaton, Ill.: Scripture Press Publications, Victor Books, 1980.

- Ironside, H.A. *Notes on Ezra, Nehemiah, Esther*, Neptune, N.J.: Loizeaux Brothers, 1972.

- Keil, C.F. "Esther". In *Commentary on the Old Testament in Ten Volumes*. Vol. 3. Reprint(25 vols. in 10). Grand Rapids: Wm. B. Eerdmans Publishing Co., 1982.

- Knight, G.A.F. *Esther, Song of Songs, Lamentations.* London: SCM Press, 1955.

- McGee, J. Vernon. *Esther: The Romance of Providence.* Pasadena, Calif.: Thru the Bible Books, n.d.

- Moore, Carey A. *Esther.* The Anchor Bible. Garden City, N.Y.: Doubleday & Co., 1971.

- _____. *Studies in the Book of Esther.* New York: KTAV Publishing House, 1982.

- Strean, A.W. *The Book of Esther.* The Cambridge Bible for Schools and Colleges. Cambridge: University Press, 1907.

- Whitcomb, John C. *Esther: Triumph of God's Sovereignty.* Everyman's Bible Commentary. Chicago: Moody Press, 1979.